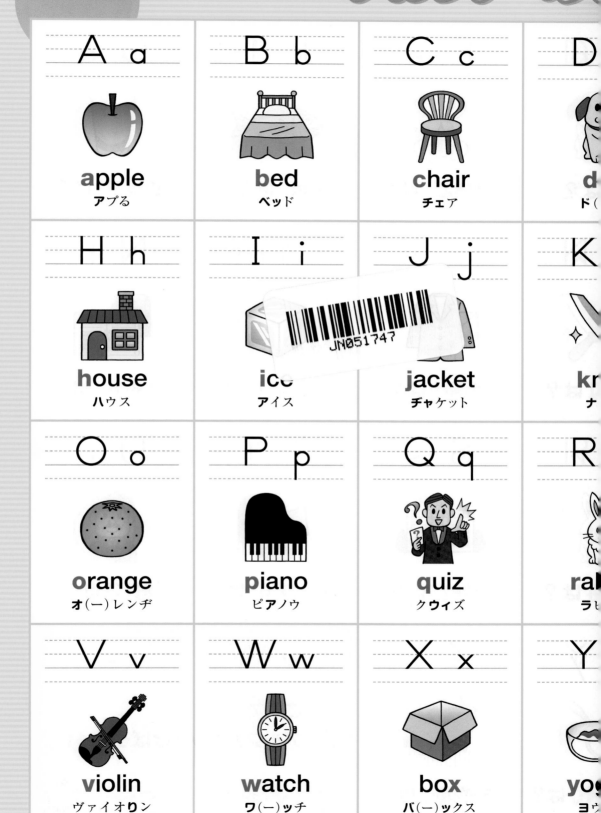

A a apple アプる	**B b** bed ベッド	**C c** chair チェア	**D** d(ド(
H h house ハウス	**I i** ice アイス	**J j** jacket ヂャケット	**K** kr ナ
O o orange オ(ー)レンヂ	**P p** piano ピアノウ	**Q q** quiz クウィズ	**R** ral ラヒ
V v violin ヴァイオリン	**W w** watch ワ(ー)ッチ	**X x** box バ(ー)ックス	**Y** yog ヨ

を覚えよう!

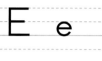

単語

d	E e	F f	G g

og
（ー)グ

egg
エッグ

fish
ふィッシ

glass
グらス

k	L l	M m	N n

ife
ァふ

letter
れタァ

milk
ミるク

notebook
ノウトブック

r	S s	T t	U u

bit
ット

school
スクーる

table
テイブる

uncle
アンクる

y	Z z		

urt
ガト

zoo
ズー

全部覚えられたかな？

学ぶ人は、
変えて
ゆく人だ。

目の前にある問題はもちろん、

人生の問いや、社会の課題を自ら見つけ、

挑み続けるために、人は学ぶ。

「学び」で、少しずつ世界は変えてゆける。

いつでも、どこでも、誰でも、

学ぶことができる世の中へ。

旺文社

旺文社

はじめに

「単語がなかなか覚えられない」「単語集を何度見てもすぐに忘れてしまう」という声をよく聞きます。英検の対策をする上で，単語学習はとても重要です。しかし，どうやって単語学習を進めればいいのか分からない，自分のやり方が正しいのか自信がない，という悩みをかかえている人も多くいると思います。『英検5級でる順パス単　書き覚えノート[改訂版]』は，そういった学習の悩みから生まれた「書いて覚える」単語学習のサポート教材です。

本書の特長は，以下の3つです。

❶ 「書いて，聞いて，発音して覚える」方法で効果的に記憶できる

❷ 日本語（意味）から英語に発想する力を養うことができる

❸ 「復習テスト」と「実力チェック」で単熟語を覚えているかどうか

自分で確認することができる

単熟語を実際に書き込んで手を動かすことは，記憶に残すためにとても効果的な方法です。ただ単語集を覚えてそのままにしておくのではなく，本書に沿って継続的に単語学習を進めていきましょう。「書いて」→「復習する」というステップを通して確実に記憶の定着につなげることができるでしょう。本書での学習が皆さんの英検合格につながることを心より願っています。

本書とセットで使うと効果的な書籍のご紹介
本書に収録されている内容は，単語集『英検5級 でる順パス単 [5訂版]』に基づいています。単語集には，単語・熟語のほかに英検5級によくでる会話表現も収録しています。

もくじ

はじめに	2
本書の構成	4
本書の特長と利用法	6
音声について	8
発音記号について	9
学習スケジュール	10
ペンマンシップ	12
クイズにチャレンジしよう！	15

単語編

学校で習う単語 319
Unit 1 ～ Unit 18 … 17

実力チェック ① … 54

英検にでる単語 251
Unit 19 ～ Unit 32 … 57

実力チェック ② … 86

熟語編

熟語 30
Unit 33 ～ Unit 36 … 89

実力チェック ③ … 100

さくいん … 102

編集協力：株式会社カルチャー・プロ，大河内さほ　　組版協力：幸和印刷株式会社

装丁デザイン：及川真咲デザイン事務所（浅海新菜）　　本文＆ポスターデザイン：伊藤幸恵

イラスト：三木謙次，大島千明（ポスター，ペンマンシップ）

本書の構成

単語編

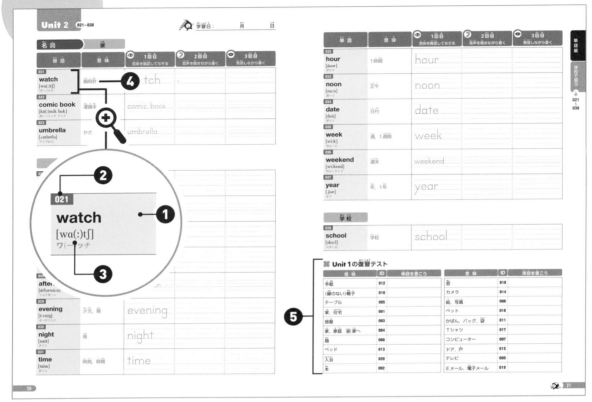

❶ 見出し語

『英検 5 級 でる順パス単 [5 訂版]』に掲載されている単語・熟語です。

❷ 見出し語 (ID) 番号

見出し語には単語編・熟語編を通して 001 ～ 600 の番号が振られています。『英検 5 級 でる順パス単 [5 訂版]』の見出し語 (ID) 番号に対応しています。

❸ 発音記号

見出し語の読み方を表す記号です。主にアメリカ発音を採用しています。(詳細は p.9 参照)

❹ 意味

見出し語の意味は原則として『英検 5 級 でる順パス単 [5 訂版]』に準じて掲載しています。ただし、同意語や用例などは掲載しないなど、一部変更しています。

＊単語編の見出し語には、アメリカ発音のカタカナ読みが付いています。基本はカタカナで示していますが、日本語の発音にないものはひらがなになっております。また、一番強く発する箇所は太字で表しています。

熟語編

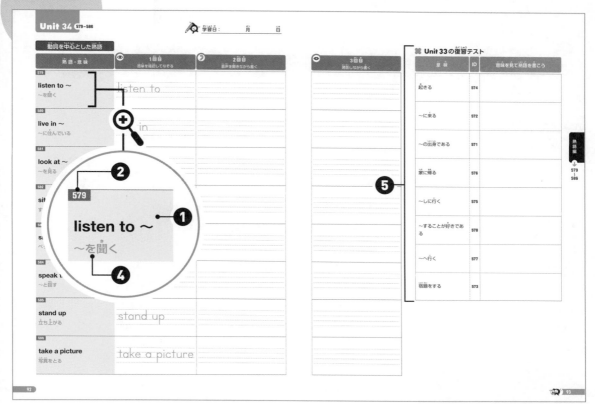

Unit 34 579–586

学習日： 月 日

動詞を中心とした熟語

熟語・意味	1回目 意味を確認してなぞる	2回目 音声を聞きながら書く
579 listen to ～ ～を聞く	listen to	
580 live in ～ ～に住んでいる	in	
581 look at ～ ～を見る		
582 sit		
583 s		
584 speak ～と話す		
585 stand up 立ち上がる	stand up	
586 take a picture 写真をとる	take a picture	

拡大図

579

listen to ～

～を聞く

1回目・2回目・4

	3回目 発音しながら書く

Unit 33 の復習テスト

意味	ID	意味を見て熟語を書こう
起きる	574	
～に来る	572	
～の出身である	571	
家に帰る	576	
～しに行く	575	
～することが好きである	578	
～へ行く	577	
宿題をする	573	

熟語編
579
｜
586

92   93

---

❺ 復習テスト

1 つ前の Unit で学習した単語・熟語の復習テストです。空欄に単語・熟語を記入しましょう。

表記について

動 動詞	名 名詞	形 形容詞
副 副詞	助 助動詞	

（ ）…省略可能／補足説明	[ ]…直前の語句と言い換え可能
～…………～の部分に語句が入る	A, B……A，B に異なる語句が入る
one's……人を表す語句が入る	doing……動詞の -ing 形が入る

5

本書の特長と利用法

たんご へん
単語編

がっこう なら たんご
学校で習う単語
↓
えいけん たんご
英検にでる単語

1 ✗ 書いて記憶

ひだりらん たんご いみ かくにん かいめ
左欄の「単語」と「意味」を確認します。1回目は
いみ かくにん おんせい き
「意味を確認してなぞる」，2回目は「音声を聞き
か かいめ はつおん か なが
ながら書く」，3回目は「発音しながら書く」流れ
か れんしゅう
になっているので，しっかり書いて練習しまし
ょう。

2 ✗ 復習テスト

かく さいご ふくしゅう まえ
各 Unit の最後に復習テストがあります。1つ前
すべ ご いみ なら か
の Unit の全ての語の意味がランダムに並べ替え
いみ たんご おも だ か
られています。その意味の単語を思い出して書
まえ みだ ご ばんごう いっち
きます。前の Unit で見出し語（ID）番号の一致す
たんご いみ み こた あ
る単語と意味を見て，答え合わせします。

じゅくご へん
熟語編

1 ✗ 書いて記憶

ひだりらん じゅくご み した いみ かくにん
左欄の熟語を見てその下の意味を確認します。1
かいめ かいめ おんせい き か
回目はなぞり，2回目は音声を聞きながら書き，
かいめ はつおん じゅくご か
3回目は発音しながら熟語を書きましょう。

2 ✗ 復習テスト

まえ すべ じゅくご なら か
1つ前の Unit の全ての熟語がランダムに並べ替えられ
いみ み じゅくご おも だ か まえ
ています。意味を見て熟語を思い出して書きます。前
みだ ご ばんごう いっち じゅくご いみ
の Unit で見出し語（ID）番号の一致する熟語と意味を
み こた あ
見て，答え合わせします。

3 実力チェック

各章の最後に実力チェックがあります。各章で学習した見出し語から 20 語が穴埋め形式の問題で出題されます。最後に答えを掲載しているので，何問解けたかを答え合わせし，分からなかった単語・熟語は該当 Unit に戻って確認しましょう。

―― さらに学習が楽しくなる！ ――

ポスター「アルファベットを覚えよう！」＋「重要単語 50 を覚えよう！」 ＆ ペンマンシップ

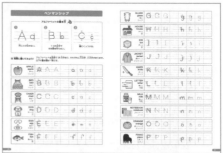

● 「アルファベットを覚えよう！」「重要単語 50 を覚えよう！」では，表面に単語（英語），裏面に意味（日本語）を載せていますので，好きな面を貼って学習しましょう。

● ペンマンシップでは，アルファベットの書き方を基礎から学べます。最後はアルファベットを使った楽しいクイズ付き！

＊基本的に『英検 5 級 でる順パス単 [5 訂版]』の書体（フォント）にそろえていますが，なぞる部分では手書き文字に近い書体を使っています。

音声について

本書に掲載されている見出し語の音声（英語）を，公式アプリ「英語の友」（iOS/Android）を使ってスマートフォンやタブレットでお聞きいただけます。

● ご利用方法

① 「英語の友」公式サイトより，アプリをインストール

🔍 英語の友

URL：**https://eigonotomo.com/**

左記の QR コードから読み込めます。

② アプリ内のライブラリより『**英検5級でる順パス単5訂版**』の「追加」ボタンをタップ

⚠ 『**英検5級でる順パス単書き覚えノート 改訂版**』はライブラリにはありません。『**英検5級でる順パス単5訂版**』を選択してください。

③ 画面下の「**単語**」をタップして「単語モード」を再生

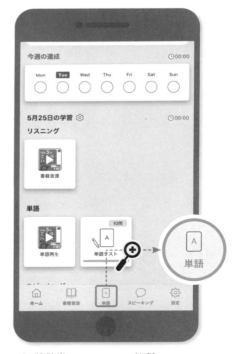

⚠ 「**書籍音源モード**」には対応していません。「**単語モード**」を選んで再生してください。

※デザイン，仕様等は予告なく変更される場合があります。
※本アプリの機能の一部は有料ですが，本書の音声は無料でお聞きいただけます。
※詳しいご利用方法は「英語の友」公式サイト，あるいはアプリ内のヘルプをご参照ください。
※本サービスは予告なく終了することがあります。

発音記号について

発音記号は「′」が付いている部分を，カナ発音は太字をいちばん強く発音します。
カナ発音はあくまでも目安です。

● 母音

発音記号	カナ発音		例	発音記号	カナ発音		例
[i:]	イー	eat	[i:t イート]	[ʌ]	ア	just	[dʒʌst ヂャスト]
[i]	イ ※1	sit	[sit スィット]	[ə]	ア ※2	about	[əbáut アバウト]
[e]	エ	ten	[ten テン]	[ər]	アァ	computer	[kəmpjú:tər コンピュータァ]
[æ]	ア	bank	[bæŋk バンク]	[ə:r]	ア〜	nurse	[nə:rs ナ〜ス]
[ɑ]	ア	stop	[stɑ(:)p スタ(ー)ップ]	[ei]	エイ	day	[dei ディ]
[ɑ:]	アー	father	[fɑ́:ðər ふァーざァ]	[ou]	オウ	go	[gou ゴウ]
[ɑ:r]	アー	card	[kɑ:rd カード]	[ai]	アイ	time	[taim タイム]
[ɔ]	オ	song	[sɔ(:)ŋ ソ(ー)ング]	[au]	アウ	out	[aut アウト]
[ɔ:]	オー	all	[ɔ:l オーる]	[ɔi]	オイ	boy	[bɔi ボイ]
[ɔ:r]	オー	before	[bifɔ́:r ビふォー]	[iər]	イア	ear	[iər イア]
[u]	ウ	good	[gud グッド]	[eər]	エア	hair	[heər ヘア]
[u:]	ウー	zoo	[zu: ズー]	[uər]	ウア	your	[juər ユア]

※1…[i]を強く発音しない場合は[エ]と表記することがあります。

※2…[ə]は前後の音によって[イ][ウ][エ][オ]と表記することがあります。

● 子音

発音記号	カナ発音		例	発音記号	カナ発音		例
[p]	ブ	put	[put プット]	[ð]	ず	those	[ðouz ぞウズ]
[b]	ブ	bed	[bed ベッド]	[s]	ス	salad	[sǽləd サらッド]
[t]	ト	tall	[tɔ:l トーる]	[z]	ズ	zoo	[zu: ズー]
[d]	ド	door	[dɔ:r ドー]	[ʃ]	シ	short	[ʃɔ:rt ショート]
[k]	ク	come	[kʌm カム]	[ʒ]	ジ	usually	[jú:ʒu(ə)li ユージュ(ア)りィ]
[g]	グ	good	[gud グッド]	[r]	ル	ruler	[rú:lər ルーらァ]
[m]	ム	movie	[mú:vi ムーヴィ]	[h]	フ	help	[help へるプ]
	ン	camp	[kæmp キャンプ]	[tʃ]	チ	chair	[tʃeər チェア]
[n]	ヌ	next	[nekst ネクスト]	[dʒ]	ヂ	jump	[dʒʌmp ヂャンプ]
	ン	rain	[rein レイン]	[j]	イ	year	[jiər イア]
[ŋ]	ング	sing	[siŋ スィング]		ユ	you	[ju: ユー]
[l]	る	like	[laik らイク]	[w]	ウ	walk	[wɔ:k ウォーク]
[f]	ふ	food	[fu:d ふード]		ワ	work	[wə:rk ワ〜ク]
[v]	ヴ	very	[véri ヴェリィ]	[ts]	ツ	its	[its イッツ]
[θ]	す	think	[θiŋk すィンク]	[dz]	ヅ	needs	[ni:dz ニーヅ]

学習スケジュール

使い方

STEP 1 目標を決めよう！ 右ページにある目標の欄に学習の目標を書こう。
STEP 2 各 Unit が終わったら，該当する Unit 番号の箇所を塗りつぶそう。
STEP 3 全部の Unit が終わったら，目標が達成できたか確認しよう。

単語編 **学校で習う単語 ❈ Unit 1～18**

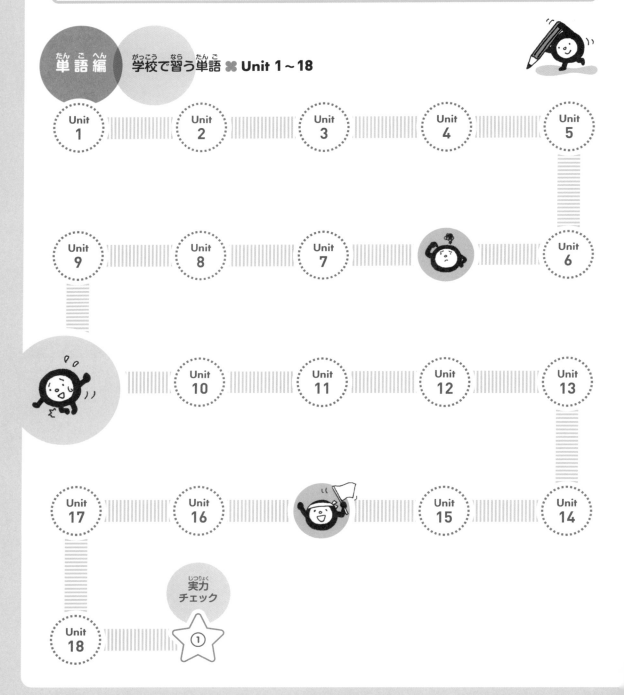

目標：

単語編　英検にでる単語 Unit 19～32

Unit 19　Unit 20　Unit 21　Unit 22　Unit 23

Unit 28　Unit 27　Unit 26　Unit 25　Unit 24

実力チェック

Unit 29　Unit 30　Unit 31　Unit 32　②

熟語編　熟語 Unit 33～36

Unit 33　Unit 34　Unit 35　Unit 36　③

実力チェック

ペンマンシップ

アルファベットの書き方 ✏️

① A a
外にとび出さない。

② B b
1つの文字で
すき間を作らない。

③ C c
線にくっつける。

✖️ **実際に書いてみよう!** アルファベットは全部で 26 文字あり, それぞれに大文字, 小文字があります。
以下の書き順は一例です。

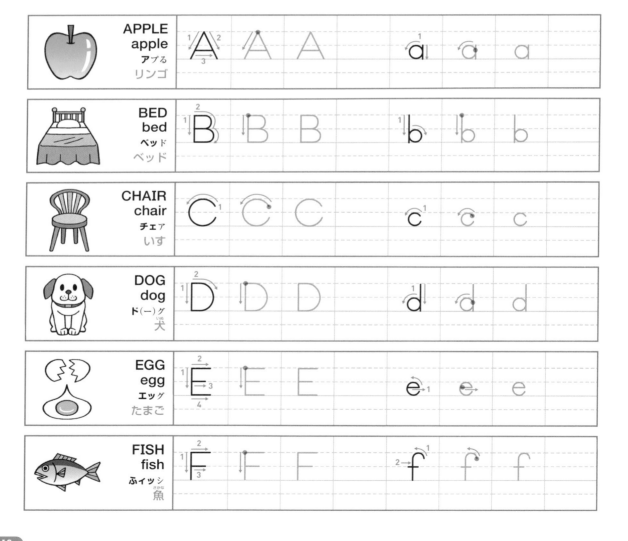

APPLE
apple
アプる
リンゴ

BED
bed
ベッド
ベッド

CHAIR
chair
チェア
いす

DOG
dog
ド(ー)グ
犬

EGG
egg
エッグ
たまご

FISH
fish
ふイッシ
魚

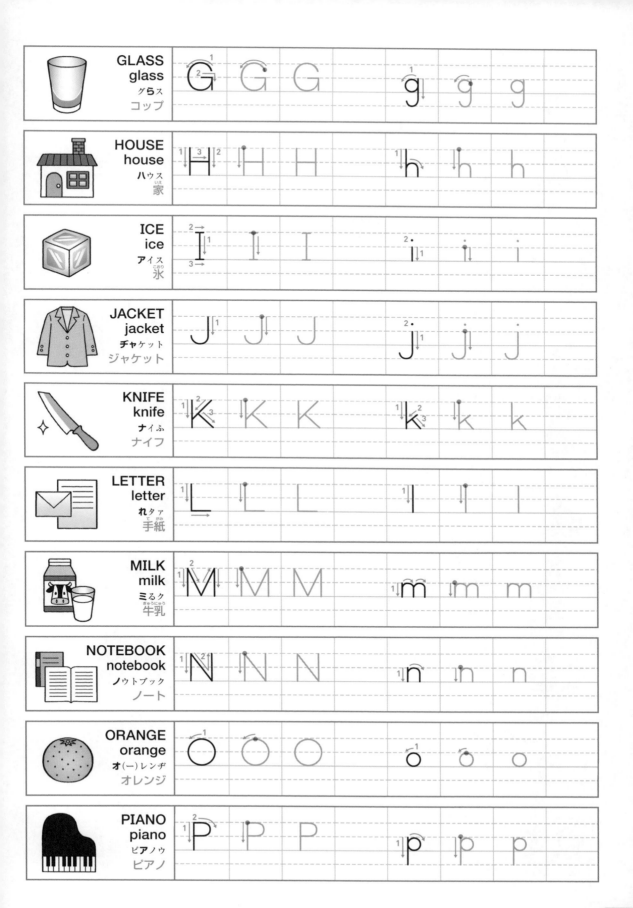

GLASS						
glass						
グらス						
コップ						

HOUSE						
house						
ハウス						
家						

ICE						
ice						
アイス						
氷						

JACKET						
jacket						
ヂャケット						
ジャケット						

KNIFE						
knife						
ナイふ						
ナイフ						

LETTER						
letter						
れタァ						
手紙						

MILK						
milk						
ミるク						
牛乳						

NOTEBOOK						
notebook						
ノウトブック						
ノート						

ORANGE						
orange						
オ(ー)レンヂ						
オレンジ						

PIANO						
piano						
ピアノウ						
ピアノ						

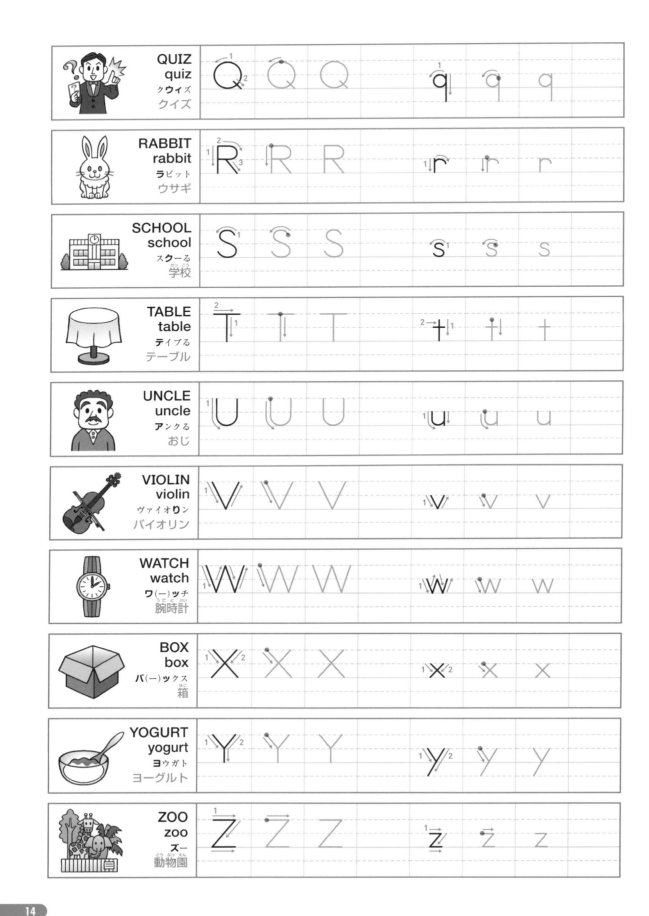

	QUIZ quiz ク**ウイ**ズ クイズ		
	RABBIT rabbit **ラ**ビット ウサギ		
	SCHOOL school ス**クー**る 学校		
	TABLE table **テ**ィブる テーブル		
	UNCLE uncle **ア**ンクる おじ		
	VIOLIN violin ヴァイオ**リ**ン バイオリン		
	WATCH watch **ワ**(ー)ッチ 腕時計		
	BOX box **バ**(ー)ックス 箱		
	YOGURT yogurt **ヨ**ウガト ヨーグルト		
	ZOO zoo **ズ**ー 動物園		

クイズにチャレンジしよう！

Q1 大変，虫に食べられちゃった！
アルファベット26文字が大文字，小文字の順に並んでいます。食べられてしまった所に文字を書いて葉っぱを生き返らせよう！

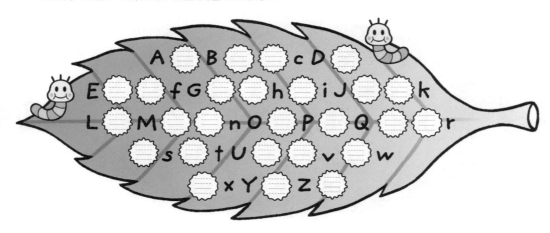

Q2 アルファベット順につなげてみよう！ 何が出てくるかな〜？

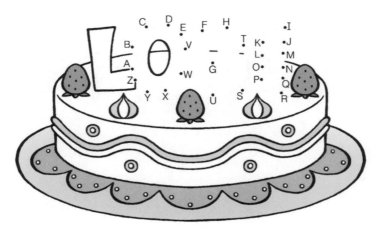

Q3 だ〜れだ？ 小文字で □ の中を埋めよう！

☐ish ☐og ☐abbit

✖ 解答は次のページ p.16 へ！ ➡

クイズの解答

Q1 大変，虫に食べられちゃった！

アルファベット26文字が大文字，小文字の順に並んでいます。食べられてしまった所に文字を書いて葉っぱを生き返らせよう！

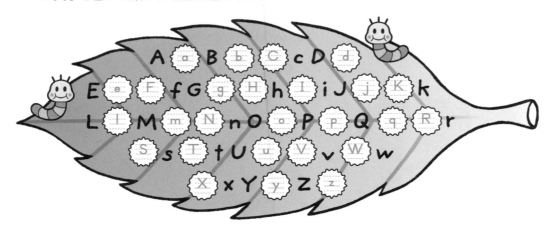

Q2 アルファベット順につなげてみよう！何が出てくるかな〜？

Q3 だ〜れだ？小文字で □ の中を埋めよう！

学校で習う単語
がっこう　なら　たんご

319

Unit 1
~
Unit 18

名詞	家			
単語	意味	1回目 意味を確認してなぞる	2回目 音声を聞きながら書く	3回目 発音しながら書く
001 **house** [haus] ハウス	家, 住宅	house		
002 **book** [buk] ブック	本	book		
003 **room** [ru:m] ルーム	部屋	room		
004 **home** [houm] ホウム	家, 家庭 副家へ	home		
005 **table** [téibl] テイブる	テーブル	table		
006 **picture** [píktʃər] ピクチャ	絵, 写真	picture		
007 **computer** [kəmpjú:tər] コンピュータァ	コンピューター	computer		
008 **box** [bɑ(:)ks] バ(ー)ックス	箱	box		
009 **TV** [tì:ví:] ティーヴィー	テレビ	TV		
010 **cap** [kæp] キャップ	(縁のない)帽子	cap		
011 **bag** [bæg] バッグ	かばん, バッグ, 袋	bag		
012 **letter** [létər] れタァ	手紙	letter		

単語	意味	1回目 意味を確認してなぞる	2回目 音声を聞きながら書く	3回目 発音しながら書く
013 bed [bed] ベッド	ベッド	bed		
014 camera [kǽm(ə)rə] キャメラ	カメラ	camera		
015 door [dɔːr] ドー	ドア, 戸	door		
016 pet [pet] ペット	ペット	pet		
017 T-shirt [tíːʃəːrt] ティーシャート	Tシャツ	T-shirt		
018 window [wíndou] ウィンドゥ	窓	window		
019 e-mail [íːmeil] イーメイる	Eメール, 電子メール	e-mail		
020 bath [bæθ] バす	入浴	bath		

名詞　　家

単語	意味	1回目 意味を確認してなぞる	2回目 音声を聞きながら書く	3回目 発音しながら書く
021 watch [wɑ(:)tʃ] ワ(ー)ッチ	腕時計	watch		
022 comic book [ká(:)mik buk] カ(ー)ミック ブック	漫画本	comic book		
023 umbrella [ʌmbrélə] アンブレら	かさ	umbrella		

時

024 today [tədéi] トゥデイ	今日 副 今日は	today		
025 tomorrow [təmá(:)rou] トゥマ(ー)ロウ	明日 副 明日は	tomorrow		
026 day [dei] デイ	日, 1日	day		
027 morning [mɔ́ːrniŋ] モーニング	朝, 午前	morning		
028 afternoon [æftərnúːn] アふタヌーン	午後	afternoon		
029 evening [íːvniŋ] イーヴニング	夕方, 晩	evening		
030 night [nait] ナイト	夜	night		
031 time [taim] タイム	時刻, 時間	time		

単語	意味	👁 1回目 意味を確認してなぞる	👂 2回目 音声を聞きながら書く	👁 3回目 発音しながら書く
032 hour [áuər] アウア	1時間	hour		
033 noon [nu:n] ヌーン	正午	noon		
034 date [deit] デイト	日付	date		
035 week [wi:k] ウィーク	週，1週間	week		
036 weekend [wí:kend] ウィーケンド	週末	weekend		
037 year [jiər] イア	年，1年	year		

学校

単語	意味	👁	👂	👁
038 school [sku:l] スクーる	学校	school		

✿ Unit 1の復習テスト

意味	ID	単語を書こう	意味	ID	単語を書こう
手紙	012		窓	018	
(縁のない)帽子	010		カメラ	014	
テーブル	005		絵，写真	006	
家，住宅	001		ペット	016	
部屋	003		かばん，バッグ，袋	011	
家，家庭 副家へ	004		Tシャツ	017	
箱	008		コンピューター	007	
ベッド	013		ドア，戸	015	
入浴	020		テレビ	009	
本	002		Eメール，電子メール	019	

名詞	学校	1回目 意味を確認してなぞる	2回目 音声を聞きながら書く	3回目 発音しながら書く
単語	**意味**			
039 **textbook** [tékstbuk] テクストブック	教科書	textbook		
040 **class** [klæs] クラス	クラス，授業	class		
041 **pen** [pen] ペン	ペン	pen		
042 **homework** [hóumwə:rk] ホウムワ～ク	宿題	homework		
043 **name** [neim] ネイム	名前	name		
044 **math** [mæθ] マす	数学	math		
045 **student** [stú:d(ə)nt] ストゥーデント	学生，生徒	student		
046 **teacher** [tí:tʃər] ティーチャ	先生，教師	teacher		
047 **pencil** [péns(ə)l] ペンスる	えんぴつ	pencil		
048 **club** [klʌb] クらブ	クラブ，部	club		
049 **eraser** [iréisər] イレイサァ	消しゴム	eraser		
050 **dictionary** [díkʃəneri] ディクショネリィ	辞書	dictionary		

単語	意味	1回目 意味を確認してなぞる	2回目 音声を聞きながら書く	3回目 発音しながら書く
051 gym [dʒim] ヂム	体育館	gym		
052 science [sáiəns] サイエンス	理科，科学	science		
053 classroom [klǽsruːm] クらスルーム	教室	classroom		
054 notebook [nóutbuk] ノウトブック	ノート	notebook		
055 art [ɑːrt] アート	美術	art		
056 classmate [klǽsmeit] クらスメイト	同級生，クラスメート	classmate		
057 number [nʌ́mbər] ナンバァ	番号，数	number		
058 subject [sʌ́bdʒekt] サブヂェクト	科目	subject		

✿ Unit 2 の復習テスト

意味	ID	単語を書こう	意味	ID	単語を書こう
1時間	032		年，1年	037	
時刻，時間	031		週，1週間	035	
学校	038		漫画本	022	
夕方，晩	029		日付	034	
今日 圖 今日は	024		日，1日	026	
夜	030		朝，午前	027	
週末	036		腕時計	021	
かさ	023		明日 圖 明日は	025	
正午	033		午後	028	

名詞　　学校

単語	意味	1回目 意味を確認してなぞる	2回目 音声を聞きながら書く	3回目 発音しながら書く
059 story [stɔ́:ri] ストーリィ	物語, 話	story		

人・職業

060 friend [frend] ふレンド	友だち	friend		
061 boy [bɔi] ボイ	男の子, 少年	boy		
062 girl [gəːrl] ガ～る	女の子, 少女	girl		
063 player [pléiər] プれイア	選手	player		
064 man [mæn] マン	男性	man		
065 woman [wúmən] ウマン	女性	woman		
066 people [píːpl] ピープる	人々	people		
067 singer [síŋər] スィンガァ	歌手	singer		

街

068 park [pɑːrk] パーク	公園	park		

単語	意味	1回目 意味を確認してなぞる	2回目 音声を聞きながら書く	3回目 発音しながら書く
069 **train** [trein] トゥレイン	列車, 電車	train		
070 **bus** [bʌs] バス	バス	bus		
071 **library** [láibreri] らイブレリィ	図書館	library		
072 **car** [kɑːr] カー	車	car		
073 **movie** [múːvi] ムーヴィ	映画	movie		
074 **restaurant** [réstərənt] レストラント	レストラン	restaurant		
075 **station** [stéiʃ(ə)n] ステイション	駅	station		
076 **shop** [ʃɑ(ː)p] シャ(ー)ップ	店	shop		

✿ Unit 3の復習テスト

意味	ID	単語を書こう	意味	ID	単語を書こう
消しゴム	049		ノート	054	
名前	043		学生, 生徒	045	
美術	055		クラス, 授業	040	
番号, 数	057		クラブ, 部	048	
宿題	042		同級生, クラスメート	056	
数学	044		教室	053	
体育館	051		教科書	039	
辞書	050		理科, 科学	052	
えんぴつ	047		ペン	041	
科目	058		先生, 教師	046	

名詞　　街

単語	意味	1回目 意味を確認してなぞる	2回目 音声を聞きながら書く	3回目 発音しながら書く
077 zoo [zu:] ズー	動物園	zoo		
078 city [síti] スィティ	都市, 市	city		
079 museum [mju(:)zí(:)əm] ミュ(ー)ズィ(ー)アム	博物館, 美術館	museum		
080 hospital [há(:)spitl] ハ(ー)スピトゥる	病院	hospital		
081 street [stri:t] ストゥリート	通り	street		

食べ物・食事

082 **breakfast** [brékfəst] ブレックふァスト	朝食	breakfast		
083 lunch [lʌntʃ] らンチ	昼食	lunch		
084 dinner [dínər] ディナァ	夕食	dinner		
085 cake [keik] ケイク	ケーキ	cake		
086 apple [ǽpl] アプる	リンゴ	apple		
087 food [fu:d] ふード	食べ物	food		

単語	意味	1回目 意味を確認してなぞる	2回目 音声を聞きながら書く	3回目 発音しながら書く
088 **ice cream** [áis kri:m] アイス クリーム	アイスクリーム	ice cream		
089 **sandwich** [sǽn(d)witʃ] サン(ド)ウィッチ	サンドイッチ	sandwich		
090 **rice** [rais] ライス	米，ごはん	rice		
091 **coffee** [kɔ́(:)fi] コ(ー)ふィ	コーヒー	coffee		
092 **milk** [milk] ミるク	牛乳，ミルク	milk		
093 **juice** [dʒu:s] ヂュース	ジュース	juice		
094 **curry** [kə́:ri] カ〜リィ	カレー	curry		
095 **egg** [eg] エッグ	たまご	egg		

✖ Unit 4 の復習テスト

意味	ID	単語を書こう	意味	ID	単語を書こう
男性	064		人々	066	
列車，電車	069		バス	070	
駅	075		歌手	067	
映画	073		車	072	
選手	063		女性	065	
友だち	060		公園	068	
男の子，少年	061		物語，話	059	
店	076		図書館	071	
女の子，少女	062		レストラン	074	

名詞　　食べ物・食事

単語	意味	1回目 意味を確認してなぞる	2回目 音声を聞きながら書く	3回目 発音しながら書く
096 **orange** [ɔ(:)rindʒ] オ(ー)レンヂ	オレンジ	orange		

家族

単語	意味	1回目	2回目	3回目
097 **brother** [brʌðər] ブラザァ	兄, 弟, 兄弟	brother		
098 **sister** [sístər] スィスタァ	姉, 妹, 姉妹	sister		
099 **father** [fɑ́:ðər] ふァーザァ	父	father		
100 **mother** [mʌ́ðər] マザァ	母	mother		
101 **family** [fǽm(ə)li] ふァミリィ	家族	family		
102 **aunt** [ænt] アント	おば	aunt		
103 **uncle** [ʌ́ŋkl] アンクる	おじ	uncle		
104 **daughter** [dɔ́:tər] ドータァ	娘	daughter		
105 **son** [sʌn] サン	息子	son		

単語	意味	👁 1回目 意味を確認してなぞる	👂 2回目 音声を聞きながら書く	👄 3回目 発音しながら書く
106 **tennis** [ténis] テニス	テニス	tennis		
107 **baseball** [béisbɔːl] ベイスボーる	野球	baseball		
108 **game** [geim] ゲイム	試合, ゲーム	game		
109 **soccer** [sá(ː)kər] サ(ー)カァ	サッカー	soccer		
110 **sport** [spɔːrt] スポート	スポーツ	sport		
111 **bike** [baik] バイク	自転車	bike		
112 **basketball** [bǽskətbɔːl] バスケットボーる	バスケットボール	basketball		
113 **team** [tiːm] ティーム	チーム	team		

単語編
学校で習う
↓
096
〜
113

✖ Unit 5 の復習テスト

意味	ID	単語を書こう	意味	ID	単語を書こう
病院	080		たまご	095	
ケーキ	085		リンゴ	086	
サンドイッチ	089		夕食	084	
アイスクリーム	088		博物館, 美術館	079	
通り	081		米, ごはん	090	
牛乳, ミルク	092		動物園	077	
朝食	082		都市, 市	078	
コーヒー	091		カレー	094	
食べ物	087		ジュース	093	
昼食	083				

名詞　　スポーツ

単 語	意 味	1回目 意味を確認してなぞる	2回目 音声を聞きながら書く	3回目 発音しながら書く
114 volleyball [vá(:)libɔ:l] ヴァ(ー)りボーる	バレーボール	volleyball		
115 ball [bɔ:l] ボーる	ボール	ball		

動物・自然

単 語	意 味	1回目	2回目	3回目
116 dog [dɔ(:)g] ド(ー)グ	犬	dog		
117 bird [bə:rd] バ〜ド	鳥	bird		
118 cat [kæt] キャット	ネコ	cat		
119 tree [tri:] トゥリー	木	tree		
120 animal [ǽnim(ə)l] アニマる	動物	animal		
121 fish [fiʃ] ふィッシ	魚	fish		
122 mountain [máunt(ə)n] マウントゥン	山	mountain		
123 rabbit [rǽbət] ラビット	ウサギ	rabbit		
124 water [wɔ́:tər] ウォータァ	水	water		

単語	意味	1回目 意味を確認してなぞる	2回目 音声を聞きながら書く	3回目 発音しながら書く
125 **Sunday** [sʌ́ndei] サンデイ	日曜日	Sunday		
126 **Monday** [mʌ́ndei] マンデイ	月曜日	Monday		
127 **Tuesday** [túːzdei] トゥーズデイ	火曜日	Tuesday		
128 **Wednesday** [wénzdei] ウェンズデイ	水曜日	Wednesday		
129 **Thursday** [θə́ːrzdei] さ〜ズデイ	木曜日	Thursday		
130 **Friday** [fráidei] ふライデイ	金曜日	Friday		
131 **Saturday** [sǽtərdei] サタデイ	土曜日	Saturday		

単語編 学校で習う ↓ 114〜131

✖ Unit 6 の復習テスト

意味	ID	単語を書こう	意味	ID	単語を書こう
おじ	103		母	100	
家族	101		おば	102	
スポーツ	110		父	099	
自転車	111		テニス	106	
娘	104		サッカー	109	
姉, 妹, 姉妹	098		兄, 弟, 兄弟	097	
オレンジ	096		チーム	113	
息子	105		試合, ゲーム	108	
野球	107		バスケットボール	112	

名詞	月			
単語	**意味**	**1回目** 意味を確認してなぞる	**2回目** 音声を聞きながら書く	**3回目** 発音しながら書く
132 **month** [mʌnθ] マンす	月，1か月	month		
133 **January** [dʒǽnjueri] ヂャニュエリィ	1月	January		
134 **February** [fébjueri] ふエビュエリィ	2月	February		
135 **March** [mɑːrtʃ] マーチ	3月	March		
136 **April** [éiprəl] エイプリる	4月	April		
137 **May** [mei] メイ	5月	May		
138 **June** [dʒuːn] ヂューン	6月	June		
139 **July** [dʒulái] ヂュらイ	7月	July		
140 **August** [ɔ́ːɡəst] オーガスト	8月	August		
141 **September** [septémbər] セプテンバァ	9月	September		
142 **October** [ɑ(ː)któubər] ア(ー)クトウバァ	10月	October		
143 **November** [nouvémbər] ノウヴェンバァ	11月	November		

単語	意味	👁 1回目 意味を確認してなぞる	👂 2回目 音声を聞きながら書く	👁 3回目 発音しながら書く
144 **December** [disémbər] ディセンバァ	12月	December		

色

単語	意味			
145 **color** [kʌ́lər] カラァ	色	color		
146 **blue** [blu:] ブルー	青　形 青い	blue		
147 **black** [blæk] ブラック	黒　形 黒い	black		
148 **red** [red] レッド	赤　形 赤い	red		
149 **white** [(h)wait] (フ)ワイト	白　形 白い	white		
150 **pink** [piŋk] ピンク	ピンク色 形 ピンク色の	pink		

�֎ Unit 7の復習テスト

意味	ID	単語を書こう	意味	ID	単語を書こう
火曜日	127		犬	116	
動物	120		日曜日	125	
ボール	115		魚	121	
バレーボール	114		ウサギ	123	
山	122		土曜日	131	
木曜日	129		金曜日	130	
水	124		ネコ	118	
鳥	117		月曜日	126	
水曜日	128		木	119	

| 名詞 | | 色 | | |

単語	意味	1回目 意味を確認してなぞる	2回目 音声を聞きながら書く	3回目 発音しながら書く
151 green [gri:n] グリーン	緑色 形 緑色の	green		
152 yellow [jélou] イェロゥ	黄色 形 黄色い	yellow		
153 brown [braun] ブラゥン	茶色 形 茶色の	brown		

音楽

154 music [mjú:zik] ミューズィック	音楽	music		
155 piano [piǽnou] ピアノゥ	ピアノ	piano		
156 song [sɔ(:)ŋ] ソ(ー)ング	歌	song		
157 CD [sì:dí:] スィーディー	CD	CD		
158 violin [vàiəlín] ヴァイオリン	バイオリン	violin		
159 guitar [gitá:r] ギター	ギター	guitar		
160 show [ʃou] ショゥ	番組, ショー	show		

季節・行事

単語	意味	1回目 意味を確認してなぞる	2回目 音声を聞きながら書く	3回目 発音しながら書く
161 **spring** [spriŋ] スプリング	春	spring		
162 **summer** [sʌ́mər] サマァ	夏	summer		
163 **fall** [fɔːl] ふォーる	秋	fall		
164 **winter** [wíntər] ウィンタァ	冬	winter		
165 **birthday** [bə́ːrθdei] バ〜すデイ	誕生日	birthday		
166 **festival** [féstiv(ə)l] ふェスティヴァる	〜祭，祭り	festival		
167 **present** [préz(ə)nt] プレズント	プレゼント	present		

�֎ Unit 8 の復習テスト

意味	ID	単語を書こう	意味	ID	単語を書こう
11月	143		9月	141	
4月	136		赤 形赤い	148	
6月	138		5月	137	
白 形白い	149		10月	142	
8月	140		3月	135	
ピンク色 形ピンク色の	150		1月	133	
黒 形黒い	147		青 形青い	146	
2月	134		12月	144	
月，1か月	132		色	145	
7月	139				

名詞	単位		

単語	意味	1回目 意味を確認してなぞる	2回目 音声を聞きながら書く	3回目 発音しながら書く
168 **dollar** [dá(:)lər] ダ(ー)らァ	ドル	dollar		

言語・世界

単語	意味			
169 **English** [íŋgliʃ] イングリッシ	英語　形 英語の	English		
170 **Japanese** [dʒæpəníːz] ヂャパニーズ	日本語　形 日本の	Japanese		
171 **Australia** [ɔ(:)stréiliə] オ(ー)ストゥレイリア	オーストラリア	Australia		
172 **Japan** [dʒəpǽn] ヂャパン	日本	Japan		
173 **Canada** [kǽnədə] キャナダ	カナダ	Canada		
174 **country** [kʌ́ntri] カントゥリィ	国	country		

体

単語	意味			
175 **hand** [hænd] ハンド	手	hand		
176 **hair** [heər] ヘア	髪の毛，毛	hair		
177 **leg** [leg] れッグ	脚	leg		

単 語	意 味	👁 1回目 意味を確認してなぞる	👂 2回目 音声を聞きながら書く	👁 3回目 発音しながら書く
178 **face** [feis] ふエイス	顔	face		
179 **head** [hed] ヘッド	頭	head		
180 **mouth** [mauθ] マウす	口	mouth		
181 **finger** [fíŋgər] ふインガァ	(手の)指	finger		
182 **teeth** [ti:θ] ティーす	tooth(歯)の複数形	teeth		

🍀 Unit 9 の復習テスト

意 味	ID	単語を書こう	意 味	ID	単語を書こう
CD	157		誕生日	165	
音楽	154		歌	156	
春	161		黄色 形黄色い	152	
緑色 形緑色の	151		秋	163	
夏	162		〜祭, 祭り	166	
番組, ショー	160		ギター	159	
プレゼント	167		冬	164	
バイオリン	158		茶色 形茶色の	153	
ピアノ	155				

| 動詞 | be動詞 | | | |

単語	意味	1回目 意味を確認してなぞる	2回目 音声を聞きながら書く	3回目 発音しながら書く
183 **am** [æm] アム	～である, (～に)いる	am		
184 **are** [ɑːr] アー	～である, (～に)いる	are		
185 **is** [iz] イズ	～である, (～に)いる	is		

一般動詞

単語	意味			
186 **do, does** [duː] [dəz] ドゥー　ダズ	をする 助 (疑問文を作る) ～しますか, (否定文を作る) ～しない	do does		
187 **like** [laik] らイク	が好きである, を好む	like		
188 **have** [hæv] ハヴ	を持っている, を食べる, を飲む	have		
189 **go** [gou] ゴウ	行く	go		
190 **come** [kʌm] カム	来る	come		
191 **play** [plei] プれイ	遊ぶ, (競技・ゲームなど)をする, (楽器)を演奏する	play		
192 **want** [wɑ(ː)nt] ワ(ー)ント	がほしい, をほしがる	want		

単語	意味	1回目 意味を確認してなぞる	2回目 音声を聞きながら書く	3回目 発音しながら書く
193 **make** [meik] メイク	を作る	make		
194 **open** [óup(ə)n] オウプン	を開く，を開ける，開く	open		
195 **close** [klouz] クろウズ	を閉じる，を閉める，閉まる	close		
196 **see** [si:] スィー	が見える，を見る	see		
197 **eat** [i:t] イート	(を)食べる，食事をする	eat		
198 **read** [ri:d] リード	を読む，読書する	read		
199 **look** [luk] るック	(注意して)見る	look		
200 **watch** [wɑ(:)tʃ] ワ(ー)ッチ	をじっと見る	watch		

Unit 10の復習テスト

意味	ID	単語を書こう
国	174	
オーストラリア	171	
tooth(歯)の複数形	182	
日本	172	
頭	179	
カナダ	173	
英語 形 英語の	169	
口	180	

意味	ID	単語を書こう
髪の毛，毛	176	
手	175	
ドル	168	
(手の)指	181	
顔	178	
日本語 形 日本の	170	
脚	177	

動 詞	一般動詞

単 語	意 味	1回目 意味を確認してなぞる	2回目 音声を聞きながら書く	3回目 発音しながら書く
201 **know** [nou] ノウ	を知っている	know		
202 **speak** [spiːk] スピーク	(を)話す	speak		
203 **use** [juːz] ユーズ	を使う	use		
204 **wash** [wɑ(ː)ʃ] ワ(ー)ッシ	を洗う	wash		
205 **run** [rʌn] ラン	走る，（乗り物が）運行している	run		
206 **write** [rait] ライト	を書く	write		
207 **take** [teik] テイク	(乗り物)に乗る	take		
208 **live** [liv] リヴ	住む，住んでいる	live		
209 **sing** [siŋ] スィング	(を)歌う	sing		
210 **get** [get] ゲット	を得る，を受け取る	get		
211 **study** [stʌ́di] スタディ	(を)勉強する 图 勉強	study		
212 **walk** [wɔːk] ウォーク	歩く	walk		

単語	意味	1回目　意味を確認してなぞる	2回目　音声を聞きながら書く	3回目　発音しながら書く
213 **listen** [lís(ə)n] リスン	聞く	listen		
214 **drink** [dríŋk] ドゥリンク	を飲む　图飲み物	drink		
215 **swim** [swím] スウィム	泳ぐ	swim		
216 **meet** [míːt] ミート	(に)会う	meet		
217 **cook** [kúk] クック	(を)料理する　图コック	cook		
218 **start** [stάːrt] スタート	始まる，を始める	start		
219 **talk** [tɔ́ːk] トーク	話す，しゃべる	talk		
220 **teach** [tíːtʃ] ティーチ	(学科など)を教える	teach		

✖ Unit 11の復習テスト

意味	ID	単語を書こう	意味	ID	単語を書こう
をじっと見る	200		を持っている，を食べる，を飲む	188	
(を)食べる，食事をする	197		遊ぶ，(競技・ゲームなど)をする	191	
が見える，を見る	196		を作る	193	
～である，(〜に)いる	183		を開く，を開ける，開く	194	
	184		がほしい，をほしがる	192	
	185		来る	190	
が好きである，を好む	187		をする	186	
を読む，読書する	198		行く	189	
(注意して)見る	199		を閉じる，を閉める，閉まる	195	

学習日： 月 日

動詞 / 一般動詞

単語	意味	1回目 意味を確認してなぞる	2回目 音声を聞きながら書く	3回目 発音しながら書く
221 **clean** [kli:n] クリーン	をきれいにする, をそうじする	clean		
222 **help** [help] ヘルプ	を助ける, を手伝う 名 助け	help		
223 **love** [lʌv] らヴ	を愛する, が大好きである	love		
224 **sit** [sit] スィット	すわる	sit		
225 **stand** [stænd] スタンド	立つ	stand		
226 **work** [wə:rk] ワ〜ク	働く	work		
227 **jump** [dʒʌmp] ヂャンプ	跳ぶ	jump		
228 **brush** [brʌʃ] ブラッシ	をみがく 名 ブラシ	brush		
229 **dance** [dæns] ダンス	踊る 名 ダンス	dance		
230 **fly** [flai] ふらイ	飛ぶ	fly		
231 **skate** [skeit] スケイト	スケートをする	skate		
232 **stop** [stɑ(:)p] スタ(ー)ップ	を止める, 止まる	stop		

単語	意味	1回目 意味を確認してなぞる	2回目 音声を聞きながら書く	3回目 発音しながら書く
233 **enjoy** [indʒɔ́i] インヂョイ	を楽しむ	enjoy		
234 **practice** [prǽktis] プラクティス	を練習する	practice		
235 **put** [put] プット	を置く	put		

形容詞　　形容詞

236 **good** [gud] グッド	よい, じょうずな	good		
237 **old** [ould] オウるド	古い	old		
238 **new** [nu:] ヌー	新しい	new		
239 **fine** [fain] ふァイン	元気で, 晴れた, すばらしい	fine		

✿ Unit 12の復習テスト

意味	ID	単語を書こう	意味	ID	単語を書こう
を洗う	204		(学科など)を教える	220	
歩く	212		住む, 住んでいる	208	
を書く	206		泳ぐ	215	
を知っている	201		(乗り物)に乗る	207	
(を)話す	202		(を)歌う	209	
走る, (乗り物が)運行している	205		(を)料理する 图コック	217	
話す, しゃべる	219		聞く	213	
を飲む 图飲み物	214		(に)会う	216	
(を)勉強する 图勉強	211		を使う	203	
始まる, を始める	218		を得る, を受け取る	210	

学習日：　　月　　日

形容詞	形容詞			

単語	意味	1回目 意味を確認してなぞる	2回目 音声を聞きながら書く	3回目 発音しながら書く
240 **nice** [nais] ナイス	すてきな，よい	nice		
241 **right** [rait] ライト	正しい	right		
242 **big** [big] ビッグ	大きい	big		
243 **small** [smɔːl] スモーる	小さい	small		
244 **little** [lítl] りトゥる	小さい	little		
245 **long** [lɔ(ː)ŋ] ろ(ー)ング	長い，長さが～の	long		
246 **short** [ʃɔːrt] ショート	短い	short		
247 **high** [hai] ハイ	高い， 高さが～ある	high		
248 **cute** [kjuːt] キュート	かわいい	cute		
249 **next** [nekst] ネクスト	次の	next		
250 **great** [greit] グレイト	すばらしい	great		
251 **hungry** [hʌ́ŋgri] ハングリィ	空腹の	hungry		

単語	意味	👁 1回目 意味を確認してなぞる	👂 2回目 音声を聞きながら書く	👄 3回目 発音しながら書く
252 cold [kould] コウるド	寒い，冷たい 图 風邪	cold		
253 hot [hɑ(:)t] ハ(ー)ット	暑い，熱い	hot		
254 favorite [féiv(ə)rət] ふェイヴ(ァ)リット	お気に入りの	favorite		
255 ready [rédi] レディ	用意ができて	ready		
256 beautiful [bjúːtəf(ə)l] ビューティふる	美しい	beautiful		
257 Chinese [tʃàiníːz] チャイニーズ	中国の	Chinese		
258 last [læst] らスト	最後の	last		
259 wonderful [wʌ́ndərf(ə)l] ワンダふる	すばらしい	wonderful		

❈ Unit 13 の復習テスト

意味	ID	単語を書こう	意味	ID	単語を書こう
を止める，止まる	232		立つ	225	
踊る 图 ダンス	229		を愛する，が大好きである	223	
スケートをする	231		働く	226	
をみがく 图 ブラシ	228		飛ぶ	230	
をきれいにする，をそうじする	221		を置く	235	
を楽しむ	233		を助ける，を手伝う 图 助け	222	
跳ぶ	227		元気で，晴れた，すばらしい	239	
すわる	224		古い	237	
よい，じょうずな	236		を練習する	234	
新しい	238				

副詞　副詞

単語	意味	1回目 意味を確認してなぞる	2回目 音声を聞きながら書く	3回目 発音しながら書く
260 **not** [nɑ(:)t] ナ(ー)ット	(be 動詞・助動詞の直後に置いて)～でない，～しない	not		
261 **here** [hiər] ヒア	ここに，ここで，ここへ	here		
262 **very** [véri] ヴェリィ	とても	very		
263 **too** [tu:] トゥー	～もまた，(形容詞・副詞の前に置いて)あまりに～すぎる	too		
264 **often** [ɔ́(:)f(ə)n] オ(ー)ふン	しばしば，よく	often		
265 **now** [nau] ナウ	今	now		
266 **there** [ðeər] ぜア	そこに，そこで，そこへ	there		
267 **o'clock** [əklɑ́(:)k] オクら(ー)ック	～時	o'clock		
268 **up** [ʌp] アップ	上へ，上に	up		
269 **down** [daun] ダウン	下へ，下に	down		
270 **fast** [fæst] ふァスト	速く [形] 速い	fast		
271 **really** [rí:(ə)li] リー(ア)リィ	本当に	really		

単語	意味	👁 1回目 意味を確認してなぞる	👂 2回目 音声を聞きながら書く	👁 3回目 発音しながら書く
272 **usually** [júːʒu(ə)li] ユージュ(ア)りィ	ふつう，たいてい	usually		
273 **well** [wel] ウェる	じょうずに， うまく，よく	well		
274 **out** [aut] アウト	外へ，外に	out		
275 **sometimes** [sʌ́mtaimz] サムタイムズ	ときどき	sometimes		
276 **always** [ɔ́ːlweiz] オーるウェイズ	いつも	always		
277 **just** [dʒʌst] ヂャスト	ただ，ちょうど	just		
278 **only** [óunli] オウンりィ	ただ〜だけ	only		
279 **around** [əráund] アラウンド	〜ころ，およそ	around		

🍀 Unit 14の復習テスト

意味	ID	単語を書こう	意味	ID	単語を書こう
高い，高さが〜ある	247		短い	246	
長い，長さが〜の	245		かわいい	248	
すてきな，よい	240		美しい	256	
暑い，熱い	253		最後の	258	
小さい	243		空腹の	251	
小さい	244		中国の	257	
お気に入りの	254		正しい	241	
次の	249		すばらしい	250	
寒い，冷たい 名風邪	252		すばらしい	259	
大きい	242		用意ができて	255	

副詞	副詞	1回目 意味を確認してなぞる	2回目 音声を聞きながら書く	3回目 発音しながら書く
単語	意味			

280 **also** [ɔ́ːlsou] オールソウ	～もまた	also		
281 **then** [ðen] ゼン	それから, それでは	then		

そのほか	前置詞			
282 **in** [in] イン	①(場所・位置を示して) ～の中に[で] ②(時間を示して)～に	in		
283 **to** [tuː] トゥー	①(運動の方向・目的地 を示して)～へ, ～に ②(範囲・程度を示して) ～まで	to		
284 **at** [æt] アット	①(場所・位置を示して) ～に, ～で ②(時間を示して)～に	at		
285 **on** [ɑ(ː)n] ア(ー)ン	①～の上に ②(日時を示して)～に ③(手段・道具を示して) ～で	on		
286 **for** [fɔːr] ふォー	①～のために ②(時間・距離を示して) ～の間	for		
287 **of** [ʌv] アヴ	(所有・所属などを示し て)～の	of		

単語	意味	1回目 意味を確認してなぞる	2回目 音声を聞きながら書く	3回目 発音しながら書く
288 **by** [bai] バイ	①(位置・場所を示して) 〜のそばに ②(手段・方法を示して) 〜で，〜によって	by		
289 **with** [wið] ウィず	①〜といっしょに ②(道具・手段・材料を示して)〜で，〜を使って	with		
290 **from** [frʌm] ふラム	①(場所を示して)〜から ②(時間・順序を示して)〜から ③(出身地を示して)〜出身で	from		
291 **under** [ʌ́ndər] アンダァ	〜の下に	under		
292 **after** [ǽftər] アふタァ	〜の後に	after		

❀ Unit 15 の復習テスト

意味	ID	単語を書こう	意味	ID	単語を書こう
今	265		しばしば，よく	264	
とても	262		〜ころ，およそ	279	
じょうずに，うまく，よく	273		下へ，下に	269	
そこに，そこで，そこへ	266		〜時	267	
ここに，ここで，ここへ	261		ただ〜だけ	278	
ふつう，たいてい	272		いつも	276	
ただ，ちょうど	277		外へ，外に	274	
上へ，上に	268		本当に	271	
〜でない，〜しない	260		ときどき	275	
〜もまた，あまりに〜すぎる	263		速く 形速い	270	

そのほか　前置詞

単語	意味	1回目 意味を確認してなぞる	2回目 音声を聞きながら書く	3回目 発音しながら書く
293 before [bifɔ́ːr] ビフォー	～の前に	before		
294 about [əbáut] アバウト	～について(の) 副 およそ，約	about		
295 near [níər] ニア	～の近くに	near		

冠詞

296 the (母音の前)[ði]/(子音の前)[ðə] ずィ　　　　ざ	その，あの	the		
297 a, an [ə] [æn] ア　アン	1つの，1人の	a / an		

接続詞

298 and [ænd] アンド	～と…，そして	and		
299 or [ɔːr] オー	～か…	or		
300 but [bʌt] バット	しかし，けれども	but		
301 so [sou] ソウ	それで，だから	so		

助動詞

単語	意味	👁 1回目 意味を確認してなぞる	👂 2回目 音声を聞きながら書く	👁 3回目 発音しながら書く
302 can [kæn] キャン	〜することができる，〜してもよい	can		

疑問詞

単語	意味	👁 1回目 意味を確認してなぞる	👂 2回目 音声を聞きながら書く	👁 3回目 発音しながら書く
303 what [(h)wʌt] (フ)ワット	何，何の，どんな	what		
304 how [hau] ハウ	どうやって，どんなぐあいで，どれくらい	how		
305 where [(h)weər] (フ)ウェア	どこに，どこへ	where		
306 when [(h)wen] (フ)ウェン	いつ	when		
307 who [hu:] フー	だれ，だれが	who		
308 whose [hu:z] フーズ	だれの	whose		

✤ Unit 16 の復習テスト

意味	ID	単語を書こう	意味	ID	単語を書こう
〜の中に[で]	282		それから，それでは	281	
〜の後に	292		〜の	287	
〜のそばに	288		〜といっしょに	289	
〜のために	286		〜の下に	291	
(場所・位置を示して)〜に，〜で	284		〜もまた	280	
(運動の方向を示して)〜へ，〜に	283		〜の上に	285	
(場所を示して)〜から	290				

そのほか　疑問詞

単語	意味	1回目 意味を確認してなぞる	2回目 音声を聞きながら書く	3回目 発音しながら書く
309 **which** [(h)witʃ] (フ)ウィッチ	どちら，どれ，どの	which		
310 **why** [(h)wai] (フ)ワイ	なぜ，どうして	why		

代名詞

311 **everyone** [évriwʌn] エヴリワン	みんな，だれでも	everyone		
312 **one** [wʌn] ワン	（前に述べられた名詞の代わりとして）もの，1つ	one		

数量

313 **every** [évri] エヴリィ	毎〜，あらゆる，すべての	every		
314 **some** [sʌm] サム	いくつかの，いくらかの	some		
315 **many** [méni] メニィ	たくさんの，多数の	many		
316 **all** [ɔːl] オーる	すべての，あらゆる	all		
317 **any** [əni] エニィ	（疑問文で）いくつかの，何か，（否定文で）少しも，何も	any		

敬称

単語	意味	1回目 意味を確認してなぞる	2回目 音声を聞きながら書く	3回目 発音しながら書く
318 **Mr.** [místər] ミスタァ	～さん，～氏，～先生	Mr.		
319 **Ms.** [miz] ミズ	～さん，～先生	Ms.		

Unit 17の復習テスト

意味	ID	単語を書こう
～か…	299	
～について(の)	294	
だれの	308	
だれ，だれが	307	
しかし，けれども	300	
どこに，どこへ	305	
1つの，1人の	297	
いつ	306	

意味	ID	単語を書こう
～の近くに	295	
～と…，そして	298	
それで，だから	301	
～の前に	293	
何，何の，どんな	303	
～することができる	302	
どうやって	304	
その，あの	296	

1 このコンピューターを使っていいですか。

Can I use this (　　　　　)?

2 今日は私の姉[妹]の誕生日です。

(　　　　　) is my sister's birthday.

3 この辞書はあなたのものですか。

Is this (　　　　　) yours?

4 彼女はよいバレーボール選手です。

She is a good volleyball (　　　　　).

5 明日，動物園に行きましょう。

Let's go to the (　　　　　) tomorrow.

6 あなたは朝食に何を食べますか。

What do you eat for (　　　　　)?

7 私の母は今，電話で話しています。

My (　　　　　) is talking on the phone now.

8 私のピアノのレッスンは木曜日です。

My piano lesson is on (　　　　　).

9 私はたいてい8月にキャンプに行きます。

I usually go camping in (　　　　　).

10 私の学校では秋に体育祭があります。

My school has a sports (　　　　　) in fall.

11 私は朝，顔を洗います。

I wash my (　　　　　) in the morning.

12 私の兄[弟]はよく友だちといっしょに公園で遊びます。

My brother often (　　　　　) in the park with his friends.

13 彼は英語とフランス語を話すことができます。

He can (　　　　　　　　) English and French.

14 彼女は毎週日曜日に自分の部屋をそうじします。

She (　　　　　　　　) her room on Sundays.

15 あの建物はとても高いです。

That building is very (　　　　　　　　).

16 私は生徒ではありません。

I am (　　　　　　　　) a student.

17 白いネコがいすの下にいます。

A white cat is (　　　　　　　　) the chair.

18 昼食にピザかサンドイッチを食べましょう。

Let's have pizza (　　　　　　　　) sandwiches for lunch.

19 あなたはどうやって学校に行きますか。

(　　　　　　　　) do you go to school?

20 どちらのえんぴつがあなたのものですか。—赤いのです。

Which pencil is yours? — The red (　　　　　　　　).

何問正解できたかな？

/ 20 問

✖ 実力チェック ① の答え

❶ computer	❷ Today	❸ dictionary	❹ player
❺ zoo	❻ breakfast	❼ mother	❽ Thursday
❾ August	❿ festival	⓫ face	⓬ plays
⓭ speak	⓮ cleans	⓯ high	⓰ not
⓱ under	⓲ or	⓳ How	⓴ one

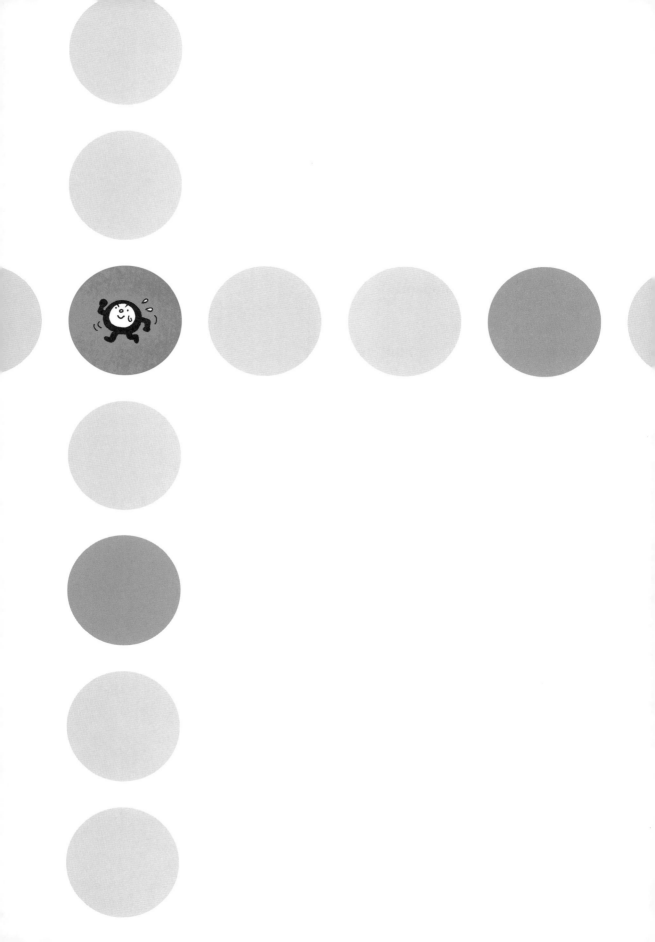

<ruby>英<rt>えい</rt></ruby><ruby>検<rt>けん</rt></ruby>にでる<ruby>単<rt>たん</rt></ruby><ruby>語<rt>ご</rt></ruby> **251**

Unit 19
~
Unit 32

名詞　　　家

単語	意味	1回目 意味を確認してなぞる	2回目 音声を聞きながら書く	3回目 発音しながら書く
320 chair [tʃeər] チェア	いす	chair		
321 magazine [mǽgəziːn] マガズィーン	雑誌	magazine		
322 phone [foun] フォウン	電話	phone		
323 bathroom [bǽθruːm] バスルーム	浴室	bathroom		
324 hat [hæt] ハット	(縁のある)帽子	hat		
325 cup [kʌp] カップ	カップ	cup		
326 kitchen [kítʃ(ə)n] キチン	台所	kitchen		
327 desk [desk] デスク	机	desk		
328 basket [bǽskət] バスケット	かご	basket		
329 garden [gáːrd(ə)n] ガードゥン	庭	garden		
330 bedroom [bédruːm] ベッドルーム	寝室	bedroom		
331 newspaper [núːzpèipər] ヌーズペイパァ	新聞	newspaper		

<ruby>単<rt>たん</rt></ruby> <ruby>語<rt>ご</rt></ruby>	<ruby>意<rt>い</rt></ruby> <ruby>味<rt>み</rt></ruby>	1<ruby>回<rt>かい</rt></ruby><ruby>目<rt>め</rt></ruby> <ruby>意味<rt>いみ</rt></ruby>を<ruby>確認<rt>かくにん</rt></ruby>してなぞる	2<ruby>回<rt>かい</rt></ruby><ruby>目<rt>め</rt></ruby> <ruby>音声<rt>おんせい</rt></ruby>を<ruby>聞<rt>き</rt></ruby>きながら<ruby>書<rt>か</rt></ruby>く	3<ruby>回<rt>かい</rt></ruby><ruby>目<rt>め</rt></ruby> <ruby>発音<rt>はつおん</rt></ruby>しながら<ruby>書<rt>か</rt></ruby>く
332 **shirt** [ʃə:rt] シャ〜ト	シャツ	shirt		
333 **DVD** [dì:vi:dí:] ディーヴィーディー	DVD	DVD		
334 **floor** [flɔ:r] ふろ〜	<ruby>床<rt>ゆか</rt></ruby>，<ruby>階<rt>かい</rt></ruby>	floor		
335 **glove** [glʌv] グらヴ	(ふつうglovesで) <ruby>手袋<rt>てぶくろ</rt></ruby>，グローブ	glove		
336 **living room** [lívíŋ ru:m] りヴィング ルーム	<ruby>居間<rt>いま</rt></ruby>	living room		
337 **shoe** [ʃu:] シュー	(ふつうshoesで) くつ	shoe		
338 **jacket** [dʒǽkit] ヂャケット	ジャケット， (<ruby>腰<rt>こし</rt></ruby>までの)<ruby>上着<rt>うわぎ</rt></ruby>	jacket		
339 **postcard** [póus(t)kɑ:rd] ポウス(ト)カード	はがき，<ruby>絵<rt>え</rt></ruby>はがき	postcard		

単語編

英検にでる

↓
320
〜
339

✿ Unit 18 の<ruby>復習<rt>ふくしゅう</rt></ruby>テスト

<ruby>意<rt>い</rt></ruby> <ruby>味<rt>み</rt></ruby>	ID	<ruby>単語<rt>たんご</rt></ruby>を<ruby>書<rt>か</rt></ruby>こう	<ruby>意<rt>い</rt></ruby> <ruby>味<rt>み</rt></ruby>	ID	<ruby>単語<rt>たんご</rt></ruby>を<ruby>書<rt>か</rt></ruby>こう
もの，1つ	312		どちら，どれ，どの	309	
いくつかの，いくらかの	314		〜さん，〜<ruby>先生<rt>せんせい</rt></ruby>	319	
〜さん，〜<ruby>氏<rt>し</rt></ruby>，〜<ruby>先生<rt>せんせい</rt></ruby>	318		みんな，だれでも	311	
(<ruby>疑問文<rt>ぎもんぶん</rt></ruby>で)いくつかの	317		すべての，あらゆる	316	
たくさんの，<ruby>多数<rt>たすう</rt></ruby>の	315		<ruby>毎<rt>まい</rt></ruby>〜，あらゆる，すべての	313	
なぜ，どうして	310				

名詞	家			
単語	意味	**1回目** 意味を確認してなぞる	**2回目** 音声を聞きながら書く	**3回目** 発音しながら書く
340 shower [ʃáuər] シャウア	シャワー	shower		
341 sofa [sóufə] ソウふァ	ソファー	sofa		
342 album [ǽlbəm] あるバム	アルバム	album		
343 card [kɑ:rd] カード	カード，はがき	card		
344 curtain [kə́:rt(ə)n] カ～トゥン	カーテン	curtain		
345 diary [dáiəri] ダイアリィ	日記	diary		
346 dining room [dáiniŋ ru:m] ダイニング ルーム	食堂，ダイニングルーム	dining room		
347 radio [réidiou] レイディオウ	ラジオ	radio		
348 towel [táu(ə)l] タウ(エ)る	タオル	towel		
349 backpack [bǽkpæk] バックパック	バックパック	backpack		
350 calendar [kǽləndər] キャレンダァ	カレンダー	calendar		
351 coat [kout] コウト	コート	coat		

352 **pocket** [pá(:)kət] パ(ー)ケット	ポケット	pocket		
353 **skirt** [ská:rt] スカート	スカート	skirt		
354 **toy** [tɔi] トイ	おもちゃ	toy		
355 **wall** [wɔːl] ウォーる	壁	wall		

時

| **356** **minute** [mínit] ミニット | (時間の)分 | minute | | |

🍀 Unit 19の復習テスト

意味	ID	単語を書こう	意味	ID	単語を書こう
はがき，絵はがき	339		ジャケット，(腰までの)上着	338	
カップ	325		(縁のある)帽子	324	
シャツ	332		新聞	331	
寝室	330		居間	336	
いす	320		DVD	333	
浴室	323		かご	328	
床，階	334		庭	329	
くつ	337		台所	326	
電話	322		雑誌	321	
手袋，グローブ	335		机	327	

名詞	学校			
単語	意味	1回目 意味を確認してなぞる	2回目 音声を聞きながら書く	3回目 発音しながら書く
357 **pencil case** [péns(ə)l keis] ペンスる ケイス	筆箱	pencil case		
358 **lesson** [lés(ə)n] れスン	レッスン, 授業	lesson		
359 **page** [peidʒ] ペイヂ	ページ	page		
360 **pool** [pu:l] プーる	プール	pool		
361 **cafeteria** [kæfətí(ə)riə] キャふェティ(ア)リア	カフェテリア	cafeteria		
362 **test** [test] テスト	テスト	test		
363 **P.E.** [pì:í:] ピーイー	体育	P.E.		
364 **ruler** [rú:lər] ルーらァ	定規	ruler		
365 **blackboard** [blǽkbɔːrd] ブらックボード	黒板	blackboard		
366 **ground** [graund] グラウンド	グラウンド, 地面	ground		
367 **history** [híst(ə)ri] ヒストリィ	歴史	history		
368 **idea** [aidí(:)ə] アイディ(ー)ア	考え	idea		

人・職業

単語	意味	1回目 意味を確認してなぞる	2回目 音声を聞きながら書く	3回目 発音しながら書く
369 **children** [tʃíldr(ə)n] チるドゥレン	child(子ども)の複数形	children		
370 **doctor** [dá(:)ktər] ダ(ー)クタァ	医者	doctor		
371 **pilot** [páilət] パイろット	パイロット	pilot		
372 **waiter** [wéitər] ウェイタァ	ウエーター	waiter		
373 **cook** [kuk] クック	コック 動 (を)料理する	cook		
374 **lady** [léidi] れイディ	ご婦人，女のかた	lady		
375 **police officer** [pəlí:s à(:)fəsər] ポリース ア(ー)ふィサァ	警察官	police officer		
376 **dancer** [dǽnsər] ダンサァ	ダンサー	dancer		

単語編
英検にでる
357～376

Unit 20の復習テスト

意味	ID	単語を書こう
カレンダー	350	
アルバム	342	
コート	351	
シャワー	340	
日記	345	
ラジオ	347	
カーテン	344	
バックパック	349	
(時間の)分	356	

意味	ID	単語を書こう
ポケット	352	
壁	355	
スカート	353	
おもちゃ	354	
タオル	348	
ソファー	341	
カード，はがき	343	
食堂，ダイニングルーム	346	

名詞　人・職業

単語	意味	1回目 意味を確認してなぞる	2回目 音声を聞きながら書く	3回目 発音しながら書く
377 **nurse** [nə:rs] ナ〜ス	看護師	nurse		
378 **pianist** [píːənist] ピーアニスト	ピアニスト	pianist		
379 **driver** [dráivər] ドゥライヴァ	運転手	driver		
380 **firefighter** [fáiərfàitər] ふァイアふァイタァ	消防士	firefighter		

街

381 **store** [stɔ:r] ストー	店	store		
382 **supermarket** [súːpərmàːrkət] スーパマーケット	スーパーマーケット	supermarket		
383 **office** [á(:)fəs] ア(ー)ふィス	会社，事務所	office		
384 **department store** [dipáːrtmənt stɔ:r] ディパートメント ストー	デパート，百貨店	department store		
385 **ship** [ʃip] シップ	船	ship		
386 **ticket** [tíkət] ティケット	チケット，切符	ticket		

単語	意味	1回目 意味を確認してなぞる	2回目 音声を聞きながら書く	3回目 発音しながら書く
387 **airport** [éərpɔ:rt] エアポート	空港	airport		
388 **bookstore** [búkstɔ:r] ブックストー	書店	bookstore		
389 **bridge** [bridʒ] ブリッヂ	橋	bridge		
390 **building** [bíldiŋ] ビるディング	建物，ビル	building		
391 **tower** [táuər] タウア	タワー，塔	tower		
392 **bank** [bæŋk] バンク	銀行	bank		
393 **bus stop** [bʌ́s stɑ(:)p] バス スタ(ー)ップ	バス停	bus stop		
394 **gas station** [gǽs stèiʃ(ə)n] ギャス ステイション	ガソリンスタンド	gas station		

単語編

英検にてる

377
〜
394

✿ Unit 21の復習テスト

意味	ID	単語を書こう	意味	ID	単語を書こう
黒板	365		考え	368	
グラウンド，地面	366		child(子ども)の複数形	369	
体育	363		ページ	359	
コック　動(を)料理する	373		ご婦人，女のかた	374	
歴史	367		定規	364	
テスト	362		医者	370	
パイロット	371		プール	360	
筆箱	357		ダンサー	376	
ウエーター	372		カフェテリア	361	
レッスン，授業	358		警察官	375	

学習日：　　　　月　　　　日

名詞　　　街

単語	意味	1回目 意味を確認してなぞる	2回目 音声を聞きながら書く	3回目 発音しながら書く
395 hotel [hòutél] ホウテる	ホテル	hotel		
396 plane [plein] プれイン	飛行機	plane		
397 post office [póust à(:)fəs] ポウスト ア(ー)ふィス	郵便局	post office		
398 police station [pəlí:s stèiʃ(ə)n] ポリース ステイション	警察署	police station		
399 taxi [tǽksi] タクスィ	タクシー	taxi		

食べ物・食事

単語	意味			
400 tea [ti:] ティー	茶，紅茶	tea		
401 pizza [pí:tsə] ピーツァ	ピザ	pizza		
402 plate [pleit] プれイト	(浅い)皿	plate		
403 potato [pətéitou] ポテイトウ	ジャガイモ	potato		
404 cookie [kúki] クッキィ	クッキー	cookie		

単語	意味	1回目 意味を確認してなぞる	2回目 音声を聞きながら書く	3回目 発音しながら書く
405 **fruit** [fruːt] ふルート	果物	fruit		
406 **spoon** [spuːn] スプーン	スプーン	spoon		
407 **bread** [bred] ブレッド	パン	bread		
408 **dish** [diʃ] ディッシ	皿	dish		
409 **grape** [greip] グレイプ	ブドウ	grape		
410 **strawberry** [strɔ́ːbèri] ストゥローベリィ	イチゴ	strawberry		
411 **banana** [bənǽnə] バナナ	バナナ	banana		
412 **chocolate** [tʃɔ́ːklət] チョークれット	チョコレート	chocolate		

単語編 英検にでる ↓ 395 ～ 412

�֎ Unit 22 の復習テスト

意 味	ID	単語を書こう	意 味	ID	単語を書こう
運転手	379		ピアニスト	378	
空港	387		橋	389	
ガソリンスタンド	394		建物，ビル	390	
看護師	377		バス停	393	
スーパーマーケット	382		店	381	
銀行	392		消防士	380	
デパート，百貨店	384		会社，事務所	383	
タワー，塔	391		チケット，切符	386	
書店	388		船	385	

名詞	食べ物・食事			
単語	意味	1回目 意味を確認してなぞる	2回目 音声を聞きながら書く	3回目 発音しながら書く
413 **dessert** [dizə́:rt] ディザ〜ト	デザート	dessert		
414 **hamburger** [hǽmbə:rgər] ハンバ〜ガァ	ハンバーガー	hamburger		
415 **jam** [dʒæm] ヂャム	ジャム	jam		
416 **lunchtime** [lʌ́ntʃtaim] らンチタイム	昼食時間, ランチタイム	lunchtime		
417 **meat** [mi:t] ミート	肉	meat		
418 **tomato** [təméitou] トメイトウ	トマト	tomato		
419 **vegetable** [védʒtəbl] ヴェヂタブる	(ふつうvegetables で)野菜	vegetable		
420 **carrot** [kǽrət] キャロット	ニンジン	carrot		
421 **chopstick** [tʃá(:)pstik] チャ(ー)ップスティック	(ふつうchopsticks で)はし	chopstick		
422 **cucumber** [kjú:kʌmbər] キューカンバァ	キュウリ	cucumber		
423 **fork** [fɔ:rk] ふォーク	フォーク	fork		
424 **glass** [glæs] グらス	コップ, グラス	glass		

単語	意味	1回目 意味を確認してなぞる	2回目 音声を聞きながら書く	3回目 発音しながら書く
425 onion [ʌ́njən] アニョン	タマネギ	onion		
426 soup [suːp] スープ	スープ	soup		
427 pie [pai] パイ	パイ	pie		
428 pumpkin [pʌ́m(p)kin] パン(プ)キン	カボチャ	pumpkin		
429 salad [sǽləd] サらッド	サラダ	salad		

家族

単語	意味			
430 grandmother [grǽn(d)mλðər] グラン(ド)マざァ	祖母	grandmother		
431 grandfather [grǽn(d)fɑ̀ːðər] グラン(ド)ふァーざァ	祖父	grandfather		

🍀 Unit 23 の復習テスト

意味	ID	単語を書こう	意味	ID	単語を書こう
バナナ	411		(浅い)皿	402	
皿	408		クッキー	404	
タクシー	399		ピザ	401	
チョコレート	412		ブドウ	409	
茶, 紅茶	400		郵便局	397	
警察署	398		パン	407	
スプーン	406		果物	405	
ジャガイモ	403		飛行機	396	
ホテル	395		イチゴ	410	

名詞　スポーツ

単語	意味	1回目 意味を確認してなぞる	2回目 音声を聞きながら書く	3回目 発音しながら書く
432 **racket** [rǽkət] ラケット	ラケット	racket		
433 **score** [skɔ́:r] スコー	得点, スコア	score		
434 **softball** [sɔ́(:)ftbɔ:l] ソ(ー)ふトボーる	ソフトボール	softball		
435 **bicycle** [báisikl] バイスィクる	自転車	bicycle		
436 **football** [fútbɔ:l] ふットボーる	フットボール	football		
437 **badminton** [bǽdmint(ə)n] バドミントゥン	バドミントン	badminton		

動物・自然

単語	意味			
438 **flower** [fláuər] ふらウア	花	flower		
439 **snow** [snou] スノウ	雪　動 雪が降る	snow		
440 **hamster** [hǽmstər] ハムスタァ	ハムスター	hamster		
441 **river** [rívər] リヴァ	川	river		
442 **rose** [rouz] ロウズ	バラ	rose		

単語	意味	1回目 意味を確認してなぞる	2回目 音声を聞きながら書く	3回目 発音しながら書く
443 **sea** [si:] スィー	(ふつうthe seaで)海	sea		
444 **sky** [skai] スカイ	(ふつうthe skyで)空	sky		
445 **weather** [wéðər] ウェざァ	天気	weather		
446 **beach** [bi:tʃ] ビーチ	浜辺, 海辺	beach		
447 **dolphin** [dá(:)lfin] ダ(ー)るふィン	イルカ	dolphin		
448 **elephant** [élif(ə)nt] エれふァント	ゾウ	elephant		
449 **sheep** [ʃi:p] シープ	ヒツジ	sheep		
450 **monkey** [mʌ́ŋki] マンキィ	サル	monkey		

Unit 24の復習テスト

意味	ID	単語を書こう
コップ, グラス	424	
スープ	426	
パイ	427	
キュウリ	422	
ジャム	415	
タマネギ	425	
デザート	413	
祖父	431	
肉	417	
カボチャ	428	

意味	ID	単語を書こう
フォーク	423	
はし	421	
昼食時間, ランチタイム	416	
ニンジン	420	
ハンバーガー	414	
トマト	418	
祖母	430	
野菜	419	
サラダ	429	

名詞	色			
単語	意味	1回目 意味を確認してなぞる	2回目 音声を聞きながら書く	3回目 発音しながら書く
451 purple [pə́ːrpl] パ〜ブる	紫色 形 紫色の	purple		

音楽

452 concert [ká(ː)nsərt] カ(ー)ンサト	コンサート	concert		
453 flute [fluːt] ふるート	フルート	flute		

季節・行事

454 party [pá:rti] パーティ	パーティー	party		

単位

455 meter [míːtər] ミータァ	メートル	meter		
456 yen [jen] イェン	円	yen		
457 kilogram [kíləgræm] キろグラム	キログラム	kilogram		
458 centimeter [séntəmìːtər] センティミータァ	センチメートル	centimeter		
459 cent [sent] セント	セント	cent		

単 語	意 味	👁 1回目 意味を確認してなぞる	👂 2回目 音声を聞きながら書く	👁 3回目 発音しながら書く
460 **French** [frentʃ] ふレンチ	フランス語	French		
461 **Singapore** [síŋɡəpɔːr] スィンガポー	シンガポール	Singapore		
462 **world** [wəːrld] ワ～るド	(the worldで)世界	world		

体

単 語	意 味			
463 **foot** [fut] ふット	足	foot		
464 **ear** [iər] イア	耳	ear		
465 **shoulder** [ʃóuldər] ショウるダァ	肩	shoulder		

✖ **Unit 25 の復習テスト**

意 味	ID	単語を書こう	意 味	ID	単語を書こう
バラ	442		ラケット	432	
イルカ	447		フットボール	436	
川	441		天気	445	
自転車	435		ソフトボール	434	
空	444		海	443	
雪 動 雪が降る	439		サル	450	
得点, スコア	433		ゾウ	448	
ハムスター	440		ヒツジ	449	
バドミントン	437		花	438	
浜辺, 海辺	446				

動詞	一般動詞			
単語	**意味**	**1回目** 意味を確認してなぞる	**2回目** 音声を聞きながら書く	**3回目** 発音しながら書く
466 **buy** [bai] バイ	を買う	buy		
467 **cut** [kʌt] カット	を切る	cut		
468 **sleep** [sli:p] スリープ	眠る	sleep		
469 **need** [ni:d] ニード	を必要とする	need		
470 **paint** [peint] ペイント	(絵の具で)を描く	paint		
471 **rain** [rein] レイン	雨が降る 图雨	rain		
472 **call** [kɔ:l] コール	に電話をかける	call		
473 **camp** [kæmp] キャンプ	キャンプをする	camp		
474 **find** [faind] ふァインド	を見つける	find		
475 **ski** [ski:] スキー	スキーをする	ski		
476 **think** [θiŋk] すィンク	(と)思う	think		

単語	意味	1回目 意味を確認してなぞる	2回目 音声を聞きながら書く	3回目 発音しながら書く
477 **tall** [tɔːl] トーる	背の高い，高い，身長[高さ]が〜の	tall		
478 **easy** [íːzi] イーズィ	簡単な	easy		
479 **happy** [hǽpi] ハピィ	幸せな	happy		
480 **pretty** [príti] プリティ	きれいな，かわいらしい	pretty		
481 **sunny** [sʌ́ni] サニィ	太陽の照っている	sunny		
482 **cloudy** [kláudi] クらウディ	くもった，くもりの	cloudy		
483 **rainy** [réini] レイニィ	雨の	rainy		
484 **windy** [wíndi] ウィンディ	風の強い，風の吹く	windy		

単語編

英検にでる

↓

466
〜
484

✖ Unit 26 の復習テスト

意味	ID	単語を書こう	意味	ID	単語を書こう
フランス語	460		センチメートル	458	
紫色　形 紫色の	451		コンサート	452	
メートル	455		耳	464	
円	456		セント	459	
肩	465		シンガポール	461	
足	463		フルート	453	
キログラム	457		世界	462	
パーティー	454				

形容詞　　　形容詞

単語	意味	1回目 意味を確認してなぞる	2回目 音声を聞きながら書く	3回目 発音しながら書く
485 snowy [snóui] スノウィ	雪の降る	snowy		
486 young [jʌŋ] ヤング	若い	young		
487 large [lɑ:rdʒ] らーヂ	大きい	large		
488 slow [slou] スろウ	遅い	slow		
489 fast [fæst] ふァスト	速い 副 速く	fast		
490 busy [bízi] ビズィ	忙しい	busy		
491 soft [sɔ(:)ft] ソ(ー)ふト	やわらかい	soft		
492 sweet [swi:t] スウィート	甘い	sweet		
493 warm [wɔ:rm] ウォーム	暖かい	warm		
494 sleepy [slí:pi] スリーピィ	眠い	sleepy		
495 Italian [itǽljən] イタリャン	イタリアの	Italian		

単語	意味	👁 1回目 意味を確認してなぞる	👂 2回目 音声を聞きながら書く	👄 3回目 発音しながら書く
496 **together** [təgéðər] トゥゲザァ	いっしょに	together		

敬称

| 497 **Mrs.** [mísiz] ミスィズ | ～さん，～夫人，～先生 | Mrs. | | |

略語

| 498 **a.m.** [èi ém] エイエム | 午前 | a.m. | | |

❊ Unit 27の復習テスト

意味	ID	単語を書こう	意味	ID	単語を書こう
を切る	467		簡単な	478	
雨の	483		を必要とする	469	
きれいな，かわいらしい	480		に電話をかける	472	
(絵の具で)を描く	470		を買う	466	
眠る	468		キャンプをする	473	
背の高い，高い	477		風の強い，風の吹く	484	
幸せな	479		雨が降る　名雨	471	
を見つける	474		スキーをする	475	
太陽の照っている	481		(と)思う	476	
くもった，くもりの	482				

数・序数　　数

単語	意味	1回目 意味を確認してなぞる	2回目 音声を聞きながら書く	3回目 発音しながら書く
499 **one** [wʌn] ワン	1	one		
500 **two** [tuː] トゥー	2	two		
501 **three** [θriː] すリー	3	three		
502 **four** [fɔːr] ふォー	4	four		
503 **five** [faiv] ふァイヴ	5	five		
504 **six** [siks] スィックス	6	six		
505 **seven** [sév(ə)n] セヴン	7	seven		
506 **eight** [eit] エイト	8	eight		
507 **nine** [nain] ナイン	9	nine		
508 **ten** [ten] テン	10	ten		
509 **eleven** [ilév(ə)n] イれヴン	11	eleven		
510 **twelve** [twelv] トゥウェるヴ	12	twelve		

単語	意味	1回目 意味を確認してなぞる	2回目 音声を聞きながら書く	3回目 発音しながら書く
511 **thirteen** [θəːrtíːn] サ〜ティーン	13	thirteen		
512 **fourteen** [fɔːrtíːn] ふォーティーン	14	fourteen		
513 **fifteen** [fìftíːn] ふィふティーン	15	fifteen		
514 **sixteen** [sìkstíːn] スィクスティーン	16	sixteen		
515 **seventeen** [sèv(ə)ntíːn] セヴンティーン	17	seventeen		
516 **eighteen** [èitíːn] エイティーン	18	eighteen		
517 **nineteen** [nàintíːn] ナインティーン	19	nineteen		
518 **twenty** [twénti] トゥ**ウェ**ンティ	20	twenty		

単語編

英検にでる

↓

499
〜
518

�֍ Unit 28の復習テスト

意味	ID	単語を書こう	意味	ID	単語を書こう
暖かい	493		速い 副速く	489	
イタリアの	495		雪の降る	485	
大きい	487		甘い	492	
いっしょに	496		やわらかい	491	
〜さん，〜夫人，〜先生	497		午前	498	
忙しい	490		眠い	494	
若い	486		遅い	488	

数・序数 / 数

単語	意味	1回目 意味を確認してなぞる	2回目 音声を聞きながら書く	3回目 発音しながら書く
519 **thirty** [θə́ːrti] さ～ティ	30	thirty		
520 **forty** [fɔ́ːrti] ふォーティ	40	forty		
521 **fifty** [fífti] ふィふティ	50	fifty		
522 **sixty** [síksti] スィクスティ	60	sixty		
523 **seventy** [sév(ə)nti] セヴンティ	70	seventy		
524 **eighty** [éiti] エイティ	80	eighty		
525 **ninety** [náinti] ナインティ	90	ninety		
526 **hundred** [hʌ́ndrəd] ハンドゥレッド	100	hundred		
527 **thousand** [θáuz(ə)nd] さウザンド	1000	thousand		

序数

528 **first** [fəːrst] ふァ～スト	1番目の	first		
529 **second** [sék(ə)nd] セカンド	2番目の	second		

単語	意味	1回目	2回目	3回目
530 **third** [θəːrd] さ〜ド	3番目の	third		
531 **fourth** [fɔːrθ] ふォーす	4番目の	fourth		
532 **fifth** [fifθ] ふィふす	5番目の	fifth		
533 **sixth** [siksθ] スィックスす	6番目の	sixth		
534 **seventh** [sév(ə)nθ] セヴンす	7番目の	seventh		
535 **eighth** [eitθ] エイトゥす	8番目の	eighth		
536 **ninth** [nainθ] ナインす	9番目の	ninth		
537 **tenth** [tenθ] テンす	10番目の	tenth		

単語編

英検にでる

↓
519
〜
537

♣ Unit 29の復習テスト

意味	ID	単語を書こう	意味	ID	単語を書こう
11	**509**		9	**507**	
18	**516**		4	**502**	
13	**511**		17	**515**	
15	**513**		2	**500**	
5	**503**		12	**510**	
3	**501**		19	**517**	
10	**508**		8	**506**	
20	**518**		6	**504**	
1	**499**		16	**514**	
7	**505**		14	**512**	

数・序数 　序数

単語	意味	1回目 意味を確認してなぞる	2回目 音声を聞きながら書く	3回目 発音しながら書く
538 eleventh [ilév(ə)nθ] イれヴンす	11番目の	eleventh		
539 twelfth [twelfθ] トゥウェるふす	12番目の	twelfth		

代名詞 　主格・所有格・目的格・所有代名詞

単語	意味			
540 I [ai] アイ	私は	I		
541 my [mai] マイ	私の	my		
542 me [mi:] ミー	私を[に]	me		
543 mine [main] マイン	私のもの	mine		
544 you [ju:] ユー	あなたは, あなたたちは	you		
545 your [juər] ユア	あなたの, あなたたちの	your		
546 you [ju:] ユー	あなたを[に], あなたたちを[に]	you		
547 yours [juərz] ユアズ	あなたのもの, あなたたちのもの	yours		
548 he [hi:] ヒー	彼は	he		

単語	意味	1回目 意味を確認してなぞる	2回目 音声を聞きながら書く	3回目 発音しながら書く
549 **his** [hiz] ヒズ	彼の	his		
550 **him** [him] ヒム	彼を [に]	him		
551 **his** [hiz] ヒズ	彼のもの	his		
552 **she** [ʃiː] シー	彼女は	she		
553 **her** [həːr] ハ〜	彼女の	her		
554 **her** [həːr] ハ〜	彼女を [に]	her		
555 **hers** [həːrz] ハ〜ズ	彼女のもの	hers		
556 **it** [it] イット	それは	it		

単語編

英検にでる

↓

538
〜
556

✖ Unit 30 の復習テスト

意　味	ID	単語を書こう	意　味	ID	単語を書こう
1000	527		7番目の	534	
40	520		2番目の	529	
3番目の	530		50	521	
1番目の	528		10番目の	537	
60	522		4番目の	531	
70	523		9番目の	536	
30	519		8番目の	535	
80	524		6番目の	533	
5番目の	532		100	526	
90	525				

代名詞	主格・所有格・目的格・所有代名詞			
単 語	意 味	1回目 意味を確認してなぞる	2回目 音声を聞きながら書く	3回目 発音しながら書く
557 **its** [its] イッツ	それの	its		
558 **it** [it] イット	それを[に]	it		
559 **we** [wi:] ウィー	私たちは	we		
560 **our** [áuər] アゥア	私たちの	our		
561 **us** [ʌs] アス	私たちを[に]	us		
562 **ours** [áuərz] アゥアズ	私たちのもの	ours		
563 **they** [ðei] ゼィ	彼らは, 彼女たちは, それらは	they		
564 **their** [ðeər] ゼア	彼らの, 彼女たちの, それらの	their		
565 **them** [ðem] ゼム	彼らを[に], 彼女たちを[に], それらを[に]	them		
566 **theirs** [ðeərz] ゼアズ	彼らのもの, 彼女たちのもの, それらのもの	theirs		

単語	意味	👁 1回目 意味を確認してなぞる	👂 2回目 音声を聞きながら書く	👁 3回目 発音しながら書く
567 **this** [ðis] ずィス	これ 形この	this		
568 **that** [ðæt] ざット	あれ, それ 形あの, その	that		
569 **these** [ði:z] ずィーズ	これら 形これらの	these		
570 **those** [ðouz] ぞウズ	あれら, それら 形あれらの, それらの	those		

単語編 英検にでる ↓ 557 ～ 570

✤ Unit 31の復習テスト

意味	ID	単語を書こう	意味	ID	単語を書こう
私を[に]	542		あなたを[に], あなたたちを[に]	546	
彼女を[に]	554		彼は	548	
11番目の	538		あなたのもの, あなたたちのもの	547	
彼女のもの	555		私のもの	543	
私は	540		彼女は	552	
私の	541		12番目の	539	
あなたの, あなたたちの	545		それは	556	
彼を[に]	550		彼の	549	
あなたは, あなたたちは	544		彼のもの	551	
彼女の	553				

1 あなたは庭で何をしているのですか。
What are you doing in the ( )?

2 2枚の絵が壁にかかっています。
Two pictures are on the ( ).

3 黒板を見てください。
Please look at the ( ).

4 私の父は警察官です。
My father is a ( ) ( ).

5 ここから空港までどのくらいかかりますか。
How long does it take from here to the ( )?

6 彼は夕食後に皿を洗います。
He washes the ( ) after dinner.

7 私の祖母は私の家の近くに住んでいます。
My ( ) lives near my house.

8 得点は今，1対1です。
The ( ) is 1 to 1 now.

9 今日の天気はどうですか。
How is the ( ) today?

10 あなたはフランス語を話しますか。
Do you speak ( )?

11 鳥が彼女の肩にのっています。
A bird is on her ( ).

12 ケーキを切ってもいいですか。
Can I ( ) the cake?

13 今日は太陽が照っています。

It is (　　　　　　　) today.

14 そのレストランにいっしょに行きましょう。

Let's go to the restaurant (　　　　　　　).

15 このTシャツは 10 ドルです。

This T-shirt is (　　　　　　　) dollars.

16 この本は 1,000 円です。

This book is one (　　　　　　　) yen.

17 8月は1年で8番目の月です。

August is the (　　　　　　　) month of the year.

18 あの小さな男の子が私を見ています。

That little boy is looking at (　　　　　　　).

19 彼女は私たちの音楽の先生です。

She is (　　　　　　　) music teacher.

20 あれらは私のくつです。

(　　　　　　　) are my shoes.

何問正解できたかな？

／ **20** 問

実力チェック ② の答え

1 garden	**2** wall	**3** blackboard	**4** police officer
5 airport	**6** dishes	**7** grandmother	**8** score
9 weather	**10** French	**11** shoulder	**12** cut
13 sunny	**14** together	**15** ten	**16** thousand
17 eighth	**18** me	**19** our	**20** Those

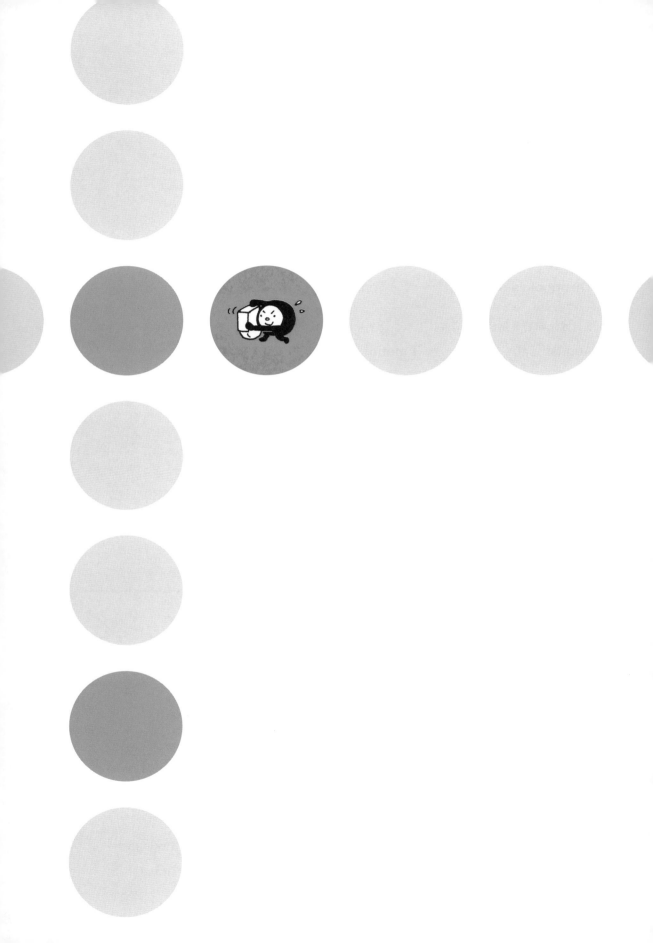

熟語編
じゅくごへん

熟語
じゅくご

30

Unit 33
〜
Unit 36

動詞を中心とした熟語

熟 語・意 味	1回目 意味を確認してなぞる	2回目 音声を聞きながら書く
571 **come from ～** ～の出身である	come from	
572 **come to ～** ～に来る	come to	
573 **do *one's* homework** 宿題をする	do one's homework	
574 **get up** 起きる	get up	
575 **go *doing*** ～しに行く	go doing	
576 **go home** 家に帰る	go home	
577 **go to ～** ～へ行く	go to	
578 **like *doing*** ～することが好きである	like doing	

✖ Unit 32の復習テスト

意味	ID	単語を書こう
私たちを[に]	561	
彼らを[に], 彼女たちを[に], それらを[に]	565	
それの	557	
私たちの	560	
あれら, それら 形あれらの, それらの	570	
それを[に]	558	
私たちのもの	562	
私たちは	559	
これら 形これらの	569	
彼らは, 彼女たちは, それらは	563	
彼らのもの, 彼女たちのもの, それらのもの	566	
これ 形この	567	
あれ, それ 形あの, その	568	
彼らの, 彼女たちの, それらの	564	

熟語編
↓
571
〜
578

動詞を中心とした熟語

熟語・意味	1回目 意味を確認してなぞる	2回目 音声を聞きながら書く
579 listen to ～ ～を聞く	listen to	
580 live in ～ ～に住んでいる	live in	
581 look at ～ ～を見る	look at	
582 sit down すわる	sit down	
583 sleep in bed ベッドで眠る	sleep in bed	
584 speak to ～ ～と話す	speak to	
585 stand up 立ち上がる	stand up	
586 take a picture 写真をとる	take a picture	

3回目 発音しながら書く	意 味	ID	意味を見て熟語を書こう
	起きる	574	
	〜に来る	572	
	〜の出身である	571	
	家に帰る	576	
	〜しに行く	575	
	〜することが好きである	578	
	〜へ行く	577	
	宿題をする	573	

熟語編

↓

579
〜
586

動詞を中心とした熟語

熟語・意味	👁 1回目 意味を確認してなぞる	👂 2回目 音声を聞きながら書く
587 take a shower シャワーを浴びる	take a shower	
588 talk about ～ ～について話す	talk about	

そのほかの熟語

589 a cup of ～ カップ1杯の～	a cup of	
590 a glass of ～ コップ1杯の～	a glass of	
591 a lot of ～ たくさんの～	a lot of	
592 after school 放課後	after school	
593 at home 家で[に]	at home	

意 味	ID	意味を見て熟語を書こう
〜を見る	581	
〜と話す	584	
ベッドで眠る	583	
写真をとる	586	
すわる	582	
〜に住んでいる	580	
立ち上がる	585	
〜を聞く	579	

熟語編
↓
587
〜
593

そのほかの熟語

熟語・意味	👁 1回目 意味を確認してなぞる	👂 2回目 音声を聞きながら書く
594 **at school** 学校で	at school	
595 **from A to B** （場所，時間，範囲など）AからBまで	from A to B	
596 **in the morning** 朝[午前中]に	in the morning	
597 **on TV** テレビで	on TV	
598 **on weekends** 毎週末に	on weekends	
599 **over there** あそこに，向こうに	over there	
600 **~ year(s) old** ~歳	year(s) old	

	3回目 発音しながら書く

意 味	ID	意味を見て熟語を書こう
シャワーを浴びる	587	
家で[に]	593	
コップ1杯の〜	590	
放課後	592	
カップ1杯の〜	589	
たくさんの〜	591	
〜について話す	588	

熟語編

↓

594
〜
600

Unit 36の復習テスト

意味	ID	意味を見て熟語を書こう
テレビで	597	
AからBまで	595	
毎週末に	598	
朝[午前中]に	596	
～歳	600	
学校で	594	
あそこに，向こうに	599	

1 あなたは明日，私の家に来られますか。

Can you (　　　　　) (　　　　　　　　) my house tomorrow?

2 あなたはいつ宿題をしますか。

When do you (　　　　　) (　　　　　) (　　　　)?

3 あなたは何時に起きますか。

What time do you (　　　　　) (　　　　)?

4 明日，買い物に行きましょう。

Let's (　　　　　) (　　　　　) tomorrow.

5 来月，おばあちゃんの家へ行きましょう。

Let's (　　　　　) (　　　　　) Grandma's house next month.

6 私の母は毎晩，ラジオを聞きます。

My mother (　　　　　) (　　　　　) the radio every evening.

7 彼女は大きな都市に住んでいます。

She (　　　　　) (　　　　　) a big city.

8 あの白い建物を見なさい。

(　　　　　) (　　　　　　　) that white building.

9 すわってください。

Please (　　　　　) (　　　　　).

10 みなさん，立ってください。

Everyone, please (　　　　　) (　　　　　).

11 私はときどき夕食の前にシャワーを浴びます。

I sometimes (　　　　　) (　　　　　) (　　　　　) before dinner.

12 彼は毎朝，コップ1杯の牛乳を飲みます。

He drinks (　　　　　) (　　　　　) (　　　　　) milk every morning.

13

彼はたくさんの本を持っています。

He has (   ) (   ) (   ) books.

14

私は毎日，放課後に友だちと話します。

I talk with my friends (   ) (   ) every day.

15

彼らはときどき学校でサッカーをします。

They sometimes play soccer (   ) (   ).

16

私の祖母は朝，公園を歩きます。

My grandmother walks in the park (   ) (   ) (   ).

17

彼女はよくテレビでサッカーの試合を見ます。

She often watches soccer games (   ) (   ).

18

私は毎週末，家族のために夕食を作ります。

I cook dinner for my family (   ) (   ).

19

駅はあそこにあります。

The station is (   ) (   ).

20

彼らは 16 歳です。

They are sixteen (   ) (   ).

何問正解できたかな？

／ **20**問

実力チェック ③ の答え

1 come to	**2** do your homework	**3** get up	**4** go shopping
5 go to	**6** listens to	**7** lives in	**8** Look at
9 sit down	**10** stand up	**11** take a shower	**12** a glass of
13 a lot of	**14** after school	**15** at school	**16** in the morning
17 on TV	**18** on weekends	**19** over there	**20** years old

さくいん

単語編

A

a, an	297
about	294
after	292
afternoon	028
airport	387
album	342
all	316
also	280
always	276
am	183
a.m.	498
and	298
animal	120
any	317
apple	086
April	136
are	184
around	279
art	055
at	284
August	140
aunt	102
Australia	171

B

backpack	349
badminton	437
bag	011
ball	115
banana	411
bank	392
baseball	107
basket	328
basketball	112
bath	020
bathroom	323
beach	446
beautiful	256
bed	013
bedroom	330
before	293
bicycle	435
big	242
bike	111
bird	117
birthday	165
black	147
blackboard	365
blue	146
book	002

bookstore	388
box	008
boy	061
bread	407
breakfast	082
bridge	389
brother	097
brown	153
brush	228
building	390
bus	070
bus stop	393
busy	490
but	300
buy	466
by	288

C

cafeteria	361
cake	085
calendar	350
call	472
camera	014
camp	473
can	302
Canada	173
cap	010
car	072
card	343
carrot	420
cat	118
CD	157
cent	459
centimeter	458
chair	320
children	369
Chinese	257
chocolate	412
chopstick	421
city	078
class	040
classmate	056
classroom	053
clean	221
close	195
cloudy	482
club	048
coat	351
coffee	091
cold	252
color	145
come	190
comic book	022

computer	007
concert	452
cook [動詞]	217
cook [名詞]	373
cookie	404
country	174
cucumber	422
cup	325
curry	094
curtain	344
cut	467
cute	248

D

dance	229
dancer	376
date	034
daughter	104
day	026
December	144
department store	384
desk	327
dessert	413
diary	345
dictionary	050
dining room	346
dinner	084
dish	408
do, does	186
doctor	370
dog	116
dollar	168
dolphin	447
door	015
down	269
drink	214
driver	379
DVD	333

E

ear	464
easy	478
eat	197
egg	095
eight	506
eighteen	516
eighth	535
eighty	524
elephant	448
eleven	509
eleventh	538
e-mail	019
English	169
enjoy	233

eraser	049
evening	029
every	313
everyone	311

F

face	178
fall	163
family	101
fast [形容詞]	489
fast [副詞]	270
father	099
favorite	254
February	134
festival	166
fifteen	513
fifth	532
fifty	521
find	474
fine	239
finger	181
firefighter	380
first	528
fish	121
five	503
floor	334
flower	438
flute	453
fly	230
food	087
foot	463
football	436
for	286
fork	423
forty	520
four	502
fourteen	512
fourth	531
French	460
Friday	130
friend	060
from	290
fruit	405

G

game	108
garden	329
gas station	394
get	210
girl	062
glass	424
glove	335
go	189
good	236
grandfather	431
grandmother	430
grape	409

great 250
green 151
ground 366
guitar 159
gym 051

H
hair 176
hamburger 414
hamster 440
hand 175
happy 479
hat 324
have 188
he 548
head 179
help 222
her [所有格] 553
her [目的格] 554
here 261
hers 555
high 247
him 550
his [所有格] 549
his [所有代名詞] 551
history 367
home 004
homework 042
hospital 080
hot 253
hotel 395
hour 032
house 001
how 304
hundred 526
hungry 251

I
I 540
ice cream 088
idea 368
in 282
is 185
it [主格] 556
it [目的格] 558
Italian 495
its 557

J
jacket 338
jam 415
January 133
Japan 172
Japanese 170
juice 093
July 139
jump 227
June 138

just 277

K
kilogram 457
kitchen 326
know 201

L
lady 374
large 487
last 258
leg 177
lesson 358
letter 012
library 071
like 187
listen 213
little 244
live 208
living room 336
long 245
look 199
love 223
lunch 083
lunchtime 416

M
magazine 321
make 193
man 064
many 315
March 135
math 044
May 137
me 542
meat 417
meet 216
meter 455
milk 092
mine 543
minute 356
Monday 126
monkey 450
month 132
morning 027
mother 100
mountain 122
mouth 180
movie 073
Mr. 318
Mrs. 497
Ms. 319
museum 079
music 154
my 541

N
name 043
near 295

need 469
new 238
newspaper 331
next 249
nice 240
night 030
nine 507
nineteen 517
ninety 525
ninth 536
noon 033
not 260
notebook 054
November 143
now 265
number 057
nurse 377

O
o'clock 267
October 142
of 287
office 383
often 264
old 237
on 285
one [代名詞] 312
one [数] 499
onion 425
only 278
open 194
or 299
orange 096
our 560
ours 562
out 274

P
page 359
paint 470
park 068
party 454
P.E. 363
pen 041
pencil 047
pencil case 357
people 066
pet 016
phone 322
pianist 378
piano 155
picture 006
pie 427
pilot 371
pink 150
pizza 401
plane 396

plate 402
play 191
player 063
pocket 352
police officer 375
police station 398
pool 360
postcard 339
post office 397
potato 403
practice 234
present 167
pretty 480
pumpkin 428
purple 451
put 235

R
rabbit 123
racket 432
radio 347
rain 471
rainy 483
read 198
ready 255
really 271
red 148
restaurant 074
rice 090
right 241
river 441
room 003
rose 442
ruler 364
run 205

S
salad 429
sandwich 089
Saturday 131
school 038
science 052
score 433
sea 443
second 529
see 196
September 141
seven 505
seventeen 515
seventh 534
seventy 523
she 552
sheep 449
ship 385
shirt 332
shoe 337
shop 076

short	246	**T**		**U**		**Z**		
shoulder	465	table	005	umbrella	023	zoo	077	
show	160	take	207	uncle	103			
shower	340	talk	219	under	291	**熟語編**		
sing	209	tall	477	up	268			
Singapore	461	taxi	399	us	561	**A**		
singer	067	tea	400	use	203	a cup of ～	589	
sister	098	teach	220	usually	272	a glass of ～	590	
sit	224	teacher	046	**V**		a lot of ～	591	
six	504	team	113	vegetable	419	after school	592	
sixteen	514	teeth	182	very	262	at home	593	
sixth	533	ten	508	violin	158	at school	594	
sixty	522	tennis	106	volleyball	114	**C**		
skate	231	tenth	537	**W**		come from ～	571	
ski	475	test	362	waiter	372	come to ～	572	
skirt	353	textbook	039	walk	212	**D**		
sky	444	that	568	wall	355	do one's homework	573	
sleep	468	the	296	want	192	**F**		
sleepy	494	their	564	warm	493	from A to B	595	
slow	488	theirs	566	wash	204	**G**		
small	243	them	565	watch [名詞]	021	get up	574	
snow	439	then	281	watch [動詞]	200	go doing	575	
snowy	485	there	266	water	124	go home	576	
so	301	these	569	we	559	go to ～	577	
soccer	109	they	563	weather	445	**I**		
sofa	341	think	476	Wednesday	128	in the morning	596	
soft	491	third	530	week	035	**L**		
softball	434	thirteen	511	weekend	036	like doing	578	
some	314	thirty	519	well	273	listen to ～	579	
sometimes	275	this	567	what	303	live in ～	580	
son	105	those	570	when	306	look at ～	581	
song	156	thousand	527	where	305	**O**		
soup	426	three	501	which	309	on TV	597	
speak	202	Thursday	129	white	149	on weekends	598	
spoon	406	ticket	386	who	307	over there	599	
sport	110	time	031	whose	308	**S**		
spring	161	to	283	why	310	sit down	582	
stand	225	today	024	window	018	sleep in bed	583	
start	218	together	496	windy	484	speak to ～	584	
station	075	tomato	418	winter	164	stand up	585	
stop	232	tomorrow	025	with	289	**T**		
store	381	too	263	woman	065	take a picture	586	
story	059	towel	348	wonderful	259	take a shower	587	
strawberry	410	tower	391	work	226	talk about ～	588	
street	081	toy	354	world	462	**Y**		
student	045	train	069	write	206	～ year(s) old	600	
study	211	tree	119	**Y**				
subject	058	T-shirt	017	year	037			
summer	162	Tuesday	127	yellow	152			
Sunday	125	TV	009	yen	456			
sunny	481	twelfth	539	you [主格]	544			
supermarket	382	twelve	510	you [目的格]	546			
sweet	492	twenty	518	young	486			
swim	215	two	500	your	545			
				yours	547			